Ouvir nas entrelinhas

Ouvir nas entrelinhas

O valor da escuta nas práticas de leitura

Cecilia Bajour

TRADUÇÃO Alexandre Morales

OUVIR NAS ENTRELINHAS – O VALOR DA ESCUTA NAS PRÁTICAS DE LEITURA
© edição brasileira: Editora Pulo do Gato, 2012
© Cecilia Bajour, 2012

COORDENAÇÃO EDITORIAL Márcia Leite e Leonardo Chianca
EDITORA ASSISTENTE Thais Rimkus
PRODUÇÃO GRÁFICA Carla Arbex
INDICAÇÃO Dolores Prades
REVISÃO Ana Luiza Couto
PROJETO GRÁFICO E DIAGRAMAÇÃO Mayumi Okuyama
IMPRESSÃO Santa Marta

A edição deste livro respeitou o novo
Acordo Ortográfico da Língua Portuguesa.

FNLIJ
Altamente
Recomendável

FSC
www.fsc.org
MISTO
Proveniente de
fontes responsáveis
FSC® C005648

Dados Internacionais de Catalogação na Publicação (CIP)
(Câmara Brasileira do Livro, SP, Brasil)

Bajour, Cecilia
Ouvir nas entrelinhas: O valor da escuta nas práticas de
leitura / Cecilia Bajour; tradução de Alexandre Morales.
São Paulo: Editora Pulo do Gato, 2012.

ISBN 978-85-64974-23-4

1. Hábitos de leitura 2. Leitores 3. Leitura – Estudo e
ensino 4. Livros e leitura 5. Promoção da leitura I. Título.

12-04725   CDD-028

Índice para catálogo sistemático:
1. Promoção da leitura 028

1ª edição • 5ª impressão • março • 2023
Todos os direitos desta edição reservados à Editora Pulo do Gato.

pulo do gato Rua General Jardim, 482 • conj. 22 • CEP 01223-010
São Paulo, SP, Brasil • TEL: [55 11] 3214 0228
www.editorapulodogato.com.br • gatoletrado@editorapulodogato.com.br

Sumário

6 *Irrecusável convite*
por João Luís Ceccantini

16 Ouvir nas entrelinhas: o valor da escuta nas práticas de leitura

46 A conversa literária como situação de ensino

76 O que a promoção da leitura tem a ver com a escola?

88 Abrir ou fechar mundos: a escolha de um cânone

118 **SOBRE A AUTORA**

Irrecusável convite

por João Luís Ceccantini

Muitos trabalhos sobre *leitura* têm sido publicados no país nos últimos anos, quer de autores nacionais, quer de estrangeiros. Trata-se de um fenômeno plenamente compreensível frente aos impasses a que se tem chegado, já de longa data, para formar leitores e inserir largas faixas da população brasileira no universo do letramento. Pesquisas periódicas de natureza variada, tais como o PISA ou a Retratos da Leitura no Brasil, cuja terceira versão foi divulgada pelo Instituto Pró-Livro no início de 2012, têm exposto de maneira incisiva os sérios problemas nessa área.

Em tal contexto, portanto, são muito bem-vindas quantas publicações puderem auxiliar na reflexão sobre o assunto, contribuindo para buscar a superação premente desse crítico estado de coisas. No caso deste livrinho precioso da pesquisadora argentina Cecília Bajour, no entanto, não se trata apenas de "mais um título sobre leitura", mas, sim, de uma obra que traz contribuição ímpar para estudiosos do tema, mediadores de leitura (professores, bibliotecários, animadores culturais, pais) e todos os que se interessam pelo assunto.

Os quatro capítulos que dão corpo ao trabalho, em sua origem textos autônomos e três deles apresentados em importantes eventos realizados na América Latina, revelam uma abordagem muito particular de questões candentes no campo da *leitura*, em que sobressai a delicadeza da autora para enfrentar seu objeto. Sua reflexão busca continuamente escapar dos lugares-comuns cristalizados nesse campo de estudos, para se desdobrar em sutilezas de análise que apresentam o processo da leitura fora de qualquer perspectiva esquemática ou preconcebida, procurando, na verdade, dar conta de sua complexidade. A riqueza de nuanças e tensões captadas pela pesquisadora na apreensão do objeto confere à discussão abertura e movimento muito peculiares.

Embora desenvolva seu pensamento numa linguagem cristalina, que rapidamente cativa o leitor da obra, Bajour não faz concessões, tecendo uma argumentação vertical, que explora questões essenciais do debate sobre a leitura, apoiada em autores de peso, como George Steiner, Roland Barthes, Aidan

Chambers, Anne-Marie Chartier, Jean Hébrard e Italo Calvino. De um outro ângulo, é preciso destacar que a pesquisadora argentina consegue, ao longo de sua reflexão, não se restringir ao enfoque teórico, mas debater as implicações dessas questões sobre práticas concretas de leitura e de formação de leitores, transitando de um polo a outro com desenvoltura. O que só faz ampliar ainda mais o interesse da obra para aqueles que se veem às voltas com problemas bem cotidianos ligados a livros e leitores.

Não se trata, assim, de obra de uma especialista que, de sua torre de marfim, vem preconizar de forma idealizada os rumos do trabalho a ser desenvolvido com a leitura no dia a dia, mas de uma pesquisadora madura que tem também realizado ciência aplicada. As questões que a autora discute são ilustradas com situações que foram produto, por exemplo, de sua atuação como coordenadora do curso de pós--graduação em Especialização em Literatura Infantil e Juvenil promovido pelo Ministério da Educação da cidade de Buenos Aires, em que Bajour tem podido atuar, de modo empírico e com regularidade, junto a professores, estudantes e toda a realidade escolar.

O título que dá nome à obra, título que, aliás, também dá nome ao primeiro capítulo, *Ouvir nas entrelinhas*, funciona como uma espécie de clave, sob a qual se organiza o conjunto de textos. Expressão adaptada de Steiner, aponta para um dos aspectos centrais no pensamento de Bajour, perpassando, de maneira direta, os quatro capítulos da obra. A pesquisadora discorre sobre a enorme importância da *escuta* para o sucesso no trabalho com a leitura e com a formação de leitores, enfatizando, no trabalho do mediador, o que pode haver de intencionalidade nessa atividade e os desdobramentos significativos que daí decorrem, na medida em que, como afirma, "nós adultos, quando escutamos a maneira singular com que as crianças nomeiam o mundo, colocamos em saudável tensão nossas fibras interpretativas".

Em relação complementar ao papel fulcral reservado à escuta nas atividades de mediação da leitura literária em contexto escolar, Bajour insere também no centro desse processo a *conversação literária*, destacando a função da maior relevância que cabe à voz dos leitores para a superação de um mero simulacro de leitura em sala de aula. Está convencida de que a tradição escolar, em seu ímpeto tarefeiro, não costuma colocar em primeiro plano o compartilhamento pleno das leituras realizadas pelos alunos, seja entre eles mesmos, seja com o mestre. Trata-se de uma tradição temerosa, talvez, de que isso possa parecer (a pais? diretores? supervisores?) "conversa fiada". A pesquisadora defende com determinação uma concepção dialógica da leitura e da formação de leitores, em que predomine a negociação de sentidos e sua permanente expansão.

Outro pilar fundamental para o sucesso da formação de leitores, apontado pela autora, diz respeito à enorme importância da *seleção dos textos* que venham a integrar qualquer trabalho com a leitura. De modo muito oportuno, em um momento em que a indústria editorial inunda o mercado com incontáveis títulos de qualidade muito desigual, Bajour chama a atenção para um aspecto que, muitas vezes, tem posto a perder os mais empenhados e bem intencionados projetos de leitura. Discute de forma consistente a questão do *cânone* na literatura infantil, priorizando a eleição de textos efetivamente literários, abertos, polissêmicos, da melhor qualidade, que sejam capazes de provocar o leitor das mais diferentes maneiras e evitem caminhos demasiadamente facilitadores e demagógicos. A pesquisadora não deixa de sublinhar também a necessidade de um professor que se assuma plenamente como sujeito do processo, muito consciente da eleição dos textos literários que deve fazer para seu trabalho. Para situar a questão, cria imagem bastante feliz, que estabelece nexos estreitos entre os aspectos discutidos ao longo da obra: "... a escuta se inicia na seleção de textos: ali começa a afinar o ouvido do mediador".

Imagens como essa dão um tom poético à obra de Bajour, que, embora não seja de natureza literária, revela uma escrita requintada e uma argumentação impregnada de inúmeros matizes. São aspectos que compõem um convite irrecusável, também neste caso, para a escuta atenta às entrelinhas desta obra e à conversação vibrante que certamente irá desencadear, multiplicando sentidos para compreender em profundidade o problema da leitura e da formação de leitores nos dias de hoje.

Abril de 2012

Ouvir nas entrelinhas

Ouvir nas entrelinhas:

o valor da escuta nas práticas de leitura*

* Texto apresentado na 5ª Jornada de Reflexão sobre a Leitura e a Escrita, organizada pela Secretaria de Educação de Bogotá e pela Associação Colombiana de Leitura e Escrita (Asolectura) — Bogotá, 6 de outubro de 2008.

> "... *quando o silêncio já era de confiança,*
> *intervinha na música, passava entre os sons*
> *como um gato com seu grande rabo preto*
> *e os deixava repletos de intenções."*
>
> O SILÊNCIO, FELISBERTO HERNÁNDEZ

Ler se parece com escutar? Se assim for, onde a leitura se entremeia com a palavra pronunciada, encarnada numa voz, na própria ou na de outros? E ainda: onde a leitura se toca com a palavra silenciada, não proferida mas dita com os olhos, com gestos, com o corpo, com outros múltiplos signos que criamos para estender pontes do texto ao leitor, do leitor ao texto, de leitor a leitor?

Em "Escrever a Leitura",[1] o semiólogo francês Roland Barthes indagava:

> "Nunca lhe aconteceu, ao ler um livro, interromper com frequência a leitura, não por desinteresse, mas, ao contrário,

---

1 Barthes, Roland. "Escribir la lectura". In: *El susurro del lenguaje*. Barcelona: Paidós, 1994. [N.T.: Utilizamo-nos aqui da tradução de Mário Laranjeira em Barthes, Roland. "Escrever a leitura". In: *O rumor da língua*. São Paulo: Brasiliense, 1984, p. 40.]

por afluxo de ideias, excitações, associações? Numa palavra, nunca lhe aconteceu ler *e levantar a cabeça?*".

Essa leitura em que a pessoa "levanta a cabeça", segundo Barthes, é "ao mesmo tempo desrespeitosa, pois que corta o texto, e apaixonada, pois que a ele volta e dele se nutre". Aparece ali a ideia do leitor como autor irreverente do texto que lê: texto que dispersa e ao mesmo tempo canaliza as associações e ideias em regras, em padrões que vêm de longe na história do mundo das narrações (poderíamos acrescentar o mundo do poético, embora Barthes não o mencione) e na nossa própria história como leitores, escritores, pensadores, ouvintes e falantes. Nenhuma leitura é de todo subjetiva ou autossuficiente: geralmente a leitura se apoia em regras não criadas pelo autor, mas mobilizadas por ele. Mas não para deter-se nelas. Escrever, assim como ler, supõe riscos, não a submissão a cânones estabelecidos. Como disse Carlos Fuentes, escreve-se "a contrapelo", "não para seguir as regras, e sim para violá-las".[2]

---

[2] "Los escritores somos los malos bichos de la sociedad". Entrevista de Carlos Fuentes a Mónica López Ocón. Revista Ñ, n° 261. Clarín (Buenos Aires), 27/09/2008.

Interessa-me esse ato quase inconsciente, próximo do devaneio, que Barthes descreve como "levantar a cabeça" durante a leitura, para pô-lo em contato com a sutil noção do ensaísta George Steiner[3] de "ouvir nas entrelinhas", referindo-se no caso não à leitura, mas à relação entre falantes. Noção que tomei emprestada para dar título a estas palavras acerca da escuta.

Diz Steiner que a linguagem contém mundos e é poliglota, e que quando falamos "ouvimos nas entrelinhas". A nuança conferida às "entrelinhas" converte o ouvir em "prestar ouvido" e o aproxima do escutar. Esse ouvir transformado supõe intencionalidade, consciência, atividade, não apenas um registro passivo e por vezes distraído dos sons do outro.

Ele toma como exemplo a linguagem das crianças, cuja enunciação articulada é "a ponta do *iceberg* de significados submersos, implícitos". Quando escutamos a maneira singular com a qual as crianças nomeiam o mundo, colocamos em saudável tensão nossas fibras interpretativas — atitude que pode ser muito interessante e produtiva se a considerarmos a partir da capacidade e da convicção, e não do déficit ou

---

3 Steiner, George. "The Tongues of Eros". In: *My Unwritten Books*. Londres: Weidenfeld & Nicolson, 2008.

da carência. A fala das crianças é habitada por surpreendentes esforços metafóricos de ir além de um universo de palavras que começa a ser construído e ainda é pequeno. Também por silêncios. Na fala dos jovens e dos adultos há também uma convivência entre o dito e o não dito ou o sugerido. Em contextos marcados pela exclusão ou por diversas formas de violência, reais e simbólicas, no balanço entre o dizer e o calar geralmente predomina o silêncio como refúgio, como resistência ou como alienação da própria palavra. E aqui salto da fala ou de sua ausência para a leitura, e as coloco em contato. Como veremos ao longo desta exposição, para todos — crianças, jovens e adultos —, a leitura compartilhada de alguns textos, sobretudo os literários, muitas vezes é uma maneira de evidenciar, sempre considerando a intimidade e o desejo do outro, a ponta do *iceberg* daquilo que se sugere por meio de silêncios e de palavras.

Enfatizo a palavra "compartilhada" ao falar da leitura porque a reflexão de Barthes sobre quem lê "levantando a cabeça" pode remeter à representação propagada e um tanto romântica do leitor solitário, que se vê esquecido do mundo com o livro e se entrega ao rumor das associações e descobertas que o texto lhe suscita ou que ele suscita no texto.

Ainda que esse encontro a sós seja uma das variáveis, não é a única cena possível. Além disso, sabemos que em muitas situações o encontro reservado ou a sós com a leitura é quase impossível por limitações materiais ou culturais. Grande parte da população não tem a seu alcance a possibilidade de escolher momentos de privacidade ou de solidão por conta das circunstâncias restritivas a que a condenam as políticas de exclusão. E também pelas manifestações de receio ou preconceito em relação àquele que se recolhe para ler como alguém que "perde tempo", "não faz nada de útil", "isola-se dos outros", "se faz de intelectual" etc.[4]

É mediante esse destaque conferido às cenas sociais de leitura (não em oposição às solitárias, mas em diálogo com elas) que reinterpreto a ideia de "levantar a cabeça" à luz da metáfora de "ouvir nas entrelinhas". Interessa-me a potencialidade dessa confluência para voltar à questão inicial sobre a possível semelhança entre ler e escutar. Se a escuta da qual falaremos em detalhes for mobilizada em um encontro coletivo

---

4 Sobre essas restrições materiais e representações, é interessante ler a reflexão de Michèle Petit em "¿'Construir' lectores!". In: *Lecturas: del espacio íntimo al espacio público* [*Leituras: do espaço íntimo ao espaço público*]. México: Fondo de Cultura Económica, 2001. (Col. Espacios para la Lectura). [N.A.]

de leitura graças a uma mediação que qualifique a "levantada de cabeça" de cada leitor — suas associações pessoais, ideias, descobertas e interpretações —, isso poderá se materializar em um ato em que todos os participantes terão a possibilidade de socializar significados.

A explicitação daquilo que sussurra nas cabeças dos leitores — ou seja, a manifestação da palavra, do silêncio e dos gestos que o encontro com os textos suscita — leva-me a compartilhar a afirmação de Aidan Chambers de que o ato da leitura consiste em grande medida na conversa sobre os livros que lemos. Em seu livro *Diga-me*, imprescindível para pensar o tema da escuta, ele inclui o texto de um colega que cita Sarah, uma menina de oito anos: "Não sabemos o que pensamos sobre um livro até que tenhamos falado dele".[5] Dar e escutar a palavra sobre o lido, se nos detivermos nas palavras de Sarah, seria objetivar o pensamento, torná-lo visível para si mesmo e para outros. É como escrever a leitura "em voz alta" e como se outros a vivenciassem como parte do texto que nossas cabeças criam quando leem.

5 Chambers, Aidan. *Dime* [*Tell Me: Children, Reading & Talk*, 1993]. México: Fondo de Cultura Económica, 2007. (Col. Espacios para la Lectura).

Para aqueles que são mediadores entre os leitores e os textos, é enriquecedor pensar como leitura esse momento do bate-papo sobre o lido, o intercâmbio acerca dos sentidos que um texto desencadeia em nós. Não se trata então de uma agregação aleatória, que pode ocorrer ou não, e que costuma ser interpretada como a "verdadeira" leitura, aquela que se dá quando os olhos percorrem as linhas e as imagens ou quando os ouvidos estão atentos para a oralização de um texto por meio de uma leitura em voz alta. Falar dos textos é voltar a lê-los.

O regresso aos textos por meio da conversa sempre traz algo novo. A princípio para quem fala, já que escuta enquanto diz a outros o que o texto suscitou em si e desse modo ensaia sua leitura como um músico quando lê uma partitura. Nesse ensaio, a pessoa muitas vezes se surpreende com os sons de sua própria interpretação. Pôr para fora, para outros, a música de nossa leitura pode nos revelar os realces que conferimos àquilo que lemos, as melodias que evocamos ou a percepção de sua ausência, os ruídos ou os silêncios que os textos nos despertam. Esses sons saem e se encontram com outros: os das partituras dos outros leitores. Como em um ensaio de orquestra, o texto cresce em acordes sonantes e dissonantes com ecos às vezes inesperados para os intérpretes. Chambers se refere a esse encontro com a palavra do outro, ao "falar juntos", como um momento de "decolagem", de voo em direção a algo que até o momento do bate-papo nos era desconhecido. A escuta da interpretação dos outros se entremeia com a nossa. Os fragmentos de sentido que originamos nesse encontro, quando entram em contato com os fragmentos de outros, podem gerar algo novo, algo a que talvez não chegaríamos na leitura solitária.

Escutar, assim como ler, tem que ver, porém, com a vontade e com a disposição para aceitar e apreciar a palavra dos outros em toda sua complexidade, isto é, não só aquilo que esperamos, que nos tranquiliza ou coincide com nossos sentidos, mas também o que diverge de nossas interpretações ou visões de mundo. A escuta não resulta da manifestação coletiva do dizer de cada um. Não é questão de que todos tenham a palavra caso esta acabe no burburinho da autocomplacência. Escutar para reafirmar uma verdade que só olha para si mesma e espera a palavra do outro somente para enaltecer a própria palavra é a antítese do diálogo, e não raro comporta intenções de poder e controle sobre os sentidos trazidos à tona. Trata-se de um simulacro de escuta, uma atuação para manter as aparências. A democracia da palavra compartilhada implica, ao contrário, o encontro intersubjetivo de vontades que aceitem o outro em sua diferença e estejam dispostas a enriquecer a vida, a leitura e a própria visão de mundo com essa diferença, mesmo que não concorde com ela. Construir significados com outros sem precisar concluí-los é condição fundamental da escuta, e isso supõe a consciência de que a construção de sentidos nunca é um ato meramente individual.

Essa concepção dialógica da escuta faz parte de todo ato de leitura em que se busque abrir significados e expandi-los de modo cooperativo. Entretanto, interessa-me particularmente examinar o que se dá com a escuta quando a leitura se relaciona com a literatura e com outras artes. Na leitura de textos artísticos, as perguntas, a instabilidade e o caráter provisório das respostas, a possibilidade de criar e recriar mundos a partir do que foi lido, o estranhamento em face do conhecido e do desconhecido se entrelaçam mais do que em outros discursos, com o jogo sempre aberto das formas. A linguagem estética se oferece a leitores que se acomodam e se incomodam diante de modos alternativos, diversificados e por vezes transgressores de nomear o mundo. Na literatura não importa apenas aquilo que impacta nossas valorações, ideias ou experiências de vida, mas também como ela o faz.

Destaco o "como" porque, quando se pensa na escuta ao se falar de literatura em cenas de leitura escolar, ou mesmo em contextos fora da escola, ele pode ficar de lado ou em um lugar menor perante a força dos temas ou ideias suscitados pelos textos. Muitas vezes a literatura é vista como o instrumento mais atrativo para falar sobre problemas sociais, questões relacionadas a valores, assuntos escolares ou situações pessoais. Quando essa perspectiva predomina, a linguagem artística corre o risco de ficar reduzida tão somente a uma representação de fachada sedutora pela qual se entra para tratar de diversos temas.

Os textos literários nos tocam e nos questionam acerca de nossas visões sobre o mundo e nos convidam a perguntarmo-nos como viveríamos o que é representado nas ficções. Essa dimensão não é menor, já que na maioria das vezes é a porta de entrada para falarmos daquilo que os textos nos instigam. Antes de tudo, porém, eles são construção artística, objetos que dizem, mostram, calam e sugerem de um modo e não de outro.

O encontro dos leitores com a arte passa em grande medida por como nos abala o "como". A escola é um lugar privilegiado para dar nomes possíveis a esse terremoto de significados e preparar nossos ouvidos e os de outros que leem para encontrarmos modos de falar sobre os textos artísticos. A escuta dos professores precisa então nutrir-se de leituras e saberes sobre o "como" da construção de mundos com palavras e imagens para que os alunos se desenvolvam na arte cotidiana de falar sobre livros.

Essa nutrição tem um umbral inescapável: a seleção dos textos que serão oferecidos no encontro social de leitura literária. Aí se inicia a escuta; aí o ouvido do mediador começa a se apurar. A escolha de textos vigorosos, abertos, desafiadores, que não caiam na sedução simplista e demagógica, que provoquem perguntas, silêncios, imagens, gestos, rejeições e atrações, é a antessala da escuta.

Ao escolhermos o que será lido com outros, estamos imaginando por onde poderemos introduzir os textos nas conversas literárias, por onde entrarão os demais leitores, que encontros e desencontros a discussão poderá suscitar, como faremos para ajudá-los nesses achados, como deixaremos aberta a possibilidade de que o próprio texto os ajude com algumas respostas ou lhes abra caminho para novas perguntas, como faremos para intervir sem fechar sentidos.

Aqui é interessante recuperar a metáfora de Barthes de "levantar a cabeça" e escrever a leitura de nossas próprias decisões ao escolhermos e inventarmos possíveis caminhos para conversar sobre os textos com os leitores. É um exercício estimulante esboçar perguntas que instiguem a discussão sobre os livros: nessa prática, relemos nossas próprias teorias sobre esses livros e achamos possíveis modos de destacar aquilo que nos interessa que os leitores carreguem consigo como conhecimento ou como pergunta.

Questões como essas surgem com frequência nas reflexões que os alunos da pós-graduação em Literatura Infantojuvenil da Cidade de Buenos Aires[6] redigem sobre o projeto de leitura com o qual fazem a avaliação de final de curso. Trata-se de uma experiência de campo na escola ou em contextos não escolares, como refeitórios comunitários, institutos para menores de idade, centros de saúde, bibliotecas populares etc.

---

6 A pós-graduação em Literatura Infantojuvenil [Postítulo de Literatura Infantil y Juvenil] foi um curso de especialização público e gratuito para docentes de todos os níveis de ensino da Cidade de Buenos Aires. Esse dispositivo de capacitação, que teve sua primeira turma em 2002, fez parte da Escuela de Capacitación Docente, subordinada à Secretaria da Educação da Cidade de Buenos Aires.

A preocupação inicial, como dizíamos, é com os livros a serem levados para o encontro com os leitores. Na redação dos projetos e nas reuniões de orientação, nas quais são lidos e discutidos os registros das atividades realizadas a cada semana no trabalho de campo, a efervescência da seleção se entremeia com o turbilhão de conjecturas sobre os bate-papos literários (Como perguntar? Como intervir? Quando calar?, entre tantas outras perguntas).

Duas alunas docentes que trabalhavam com alunos do quarto ano de uma escola pública da Cidade de Buenos Aires escolheram para seu projeto versões paródicas de Chapeuzinho Vermelho, como a de Roald Dahl, ilustrada por Quentin Blake em *Contos em versos para crianças perversas*, a singular ilustração de Leticia Gotlibowski para o original de Perrault e a versão de Luis Pescetti com ilustração de O'Kif em *Chapeuzinho Vermelho (assim como foi contado a Jorge)*.[7] A ideia era partir da leitura das versões originais de Charles

---

7 Dahl, Roald. *Cuentos en verso para niños perversos* [*Revolting Rhymes*, 1982]. Trad. de Miguel Azaola. Buenos Aires: Alfaguara, 2008. (Col. Especiales Álbum); Perrault, Charles. *La Caperucita Roja*. Ilustrações de Leticia Gotlibowski. Buenos Aires: Eclipse, 2006. (Col. Libros-Álbum del Eclipse); Pescetti, Luis. *Caperucita Roja (tal como se lo contaron a Jorge)*. Ilustrações de O'Kif. Buenos Aires: Alfaguara, 1996. (Col. Infantil).

Perrault e dos irmãos Grimm para cotejar, apreciar e reconhecer junto com as crianças as transformações paródicas e as releituras do escrito que certas ilustrações ensejam.

Uma delas, Eleonora, fundamentou o processo de escolha deste modo:

> Levamos "Chapeuzinhos" que, por um motivo ou por outro, nos agradavam. Estávamos convencidas de que para "fazer chegar" essas obras aos alunos era fundamental que nós mesmas estivéssemos autenticamente envolvidas com elas. Agradavam-nos não só por sua leitura prazerosa, mas também por sua leitura geradora de tensões. Não pretendíamos "torná-la fácil" nem para eles nem para nós. Esperávamos que fossem gerados conflitos que os fizessem refletir, questionar-se, ficar tristes e também irônicos. [...] Não queríamos dispor-lhes material que, por estar destinado a um público infantil, tivesse sido modificado e cortado para tornar-se "acessível a esse público novato".[8] Nossa ideia era que eles tivessem de deparar com algo que não tivesse

---

8 Soriano, Marc. "Adaptación y divulgación"[Adaptação e divulgação]. In: *La literatura para niños y jóvenes: guía de exploración de sus grandes temas*. Buenos Aires: Colihue, 1995.

sido censurado para facilitar sua leitura e eliminar-lhe a tensão. Tínhamos o firme objetivo de não lhes facilitar as coisas e de que eles tivessem de pensar, extrair conclusões e sentir-se incômodos e desafiados sempre que a ocasião o propiciasse.[9]

Na busca dessas professoras resplandece, com vigor, a confiança no modo como esses alunos de 8 ou 9 anos podem se relacionar com livros que os desafiam, que não os infantilizam, que os convidam a ser ativos pesquisadores de como os textos são produzidos e não apenas reconstrutores de argumentos. Livros que dialogam com a sensibilidade estética das crianças, sobretudo numa etapa da vida em que tudo é iniciação, experimento, fertilidade, pergunta em aberto.

As antecipações das intenções a partir dos possíveis efeitos dos textos escolhidos sobre os leitores se combinaram, na proposta citada, com a reflexão a respeito de como fazer para privilegiar a escuta nas discussões literárias. A preocupação das professoras

---

9 Acosta, Eleonora (em colaboração com Daniela Duna). *Caperuzas de colores* [*Chapeuzinhos coloridos*]. Buenos Aires: projeto de final de curso, Postítulo de Literatura Infantil y Juvenil, 2008 [mimeo].

de não monopolizar a palavra e encontrar um equilíbrio entre a liberdade de opinião, o direito de todos a intervir e a busca de algumas estratégias para construir significados pode ser vislumbrada nas seguintes palavras de Eleonora.

> Tivemos de lidar, por um lado, com a liberdade que lhes dávamos para opinar e produzir, fazer conjecturas, comparar, analisar, e, por outro, com o afã que eles tinham de opinar sobre tudo, de contar tudo o que pensavam e o que podiam relacionar com os textos. [...] Outra questão que consideramos termos conduzido foi esperar e não dar todas as respostas às perguntas que nos eram apresentadas, para que eles mesmos pudessem pensar possíveis desfechos, interpretações e soluções para suas dúvidas. Eles deixaram de nos fazer perguntas e passaram a responder sozinhos, captando e fiando o que os colegas diziam. Isso parecia gerar um efeito tranquilizador. Foi muito valioso para nós presenciar essa dinâmica que foi se criando entre eles com mínimas intervenções nossas. Um a um, contribuíam com mais elementos para uma definição que se mostrava coletiva e com toques individuais.[10]

10 Ibidem.

A ênfase na capacidade de construir sentidos de todos os leitores, e não na carência, na diferença e nos limites, manifestou-se com força numa oficina de leitura realizada por dois mediadores, Roberto e Mariel, com um grupo de jovens e adultos portadores de diversas patologias mentais e motoras em um centro de reabilitação e estimulação. A proposta consistia em explorar o gênero "conto maravilhoso" como via para trazer à tona relações de intertextualidade em contos populares e em diversas versões contemporâneas. Em seu trabalho de final de curso, Roberto começou a se perguntar se era possível "pensar em uma oficina de leitura para pessoas que não estão alfabetizadas e que em virtude de suas capacidades intelectuais reduzidas jamais poderão chegar a se alfabetizar".[11] A ideia de Graciela Montes de que "não existem analfabetos de significação: somos todos construtores de sentido"[12]

---

11 Sotelo, Roberto (em colaboração com Mariel Danazzo). *Todos somos capaces de ejercer nuestro derecho al imaginario a través de la lectura* [*Todos somos capazes de exercer nosso direito ao imaginário por meio da leitura*]. Buenos Aires: projeto de final de curso, Postítulo de Literatura Infantil y Juvenil, 2008 [mimeo].

12 Montes, Graciela. *La gran ocasión: la escuela como sociedad de lectura* [*A grande ocasião: a escola como sociedade da leitura*]. 2ª. ed. Buenos Aires: Plan Nacional de Lectura, Ministerio de Educación, Ciencia y Tecnología, 2007.

levou-o a repensar sua ideia de alfabetização. Dessa forma, em sua seleção apostou em

> textos que por suas características — tanto formais como literárias — apontassem para um destinatário amplo. Incorporei, então, obras que seriam descartadas se eu as julgasse com critérios condicionados por ideias preexistentes ou preconceituosas. Como sustenta a bibliotecária e intelectual francesa Geneviève Patte: Selecionar não quer dizer restringir, mas o contrário. Selecionar significa valorizar.[13]

A valorização dos leitores, traduzida na variedade e qualidade de uma mesa com mais de sessenta livros em que a imagem tinha um papel preponderante (sobretudo livros-álbuns, mas não apenas), foi acompanhada pela sutileza da escuta das formas singulares daqueles que os leriam. Os vínculos intertextuais entre os textos lidos, pronunciados ou sugeridos do jeito que cada um tem ou pode, ficaram visíveis nestas palavras de Roberto:

---

[13] Patte, Geneviève. *Si nos dejaran leer: los niños y las bibliotecas* [*Se nos deixarem ler: as crianças e a biblioteca*]. Trad. de Silvia Castrillón. Bogotá: Cerlal/Prolectura/Kapelusz, 1984. (Col. Lectura y Educación).]

O tempo todo, pelos seus comentários, verbalizações mínimas ou atitudes (buscar, encontrar, mostrar, assinalar), nós, coordenadores, percebemos que eles conhecem as histórias das quais estamos falando, para além dos livros que as contêm. E todos eles, a seu modo e com suas possibilidades tão particulares, nos fazem saber disso a cada instante. Penso que dessa forma conseguimos encontrar uma maneira de dialogar sobre livros e sobre literatura, possibilitando que cada intervenção individual ajudasse e enriquecesse essa construção cultural do imaginário que estamos fazendo em conjunto.[14]

Quando colocamos a escolha de textos desafiadores em diálogo com modos de ler igualmente desafiadores, os gêneros literários que se caracterizam pela indeterminação ou pela ausência de desfechos tranquilizadores costumam pôr à prova a predisposição e a flexibilidade dos adultos quanto à escuta da inquietação.

O receio de deixar zonas ambíguas na interpretação conduz muitas vezes à superproteção por meio da explicação ou da reposição de sentidos ali onde o texto pretendia se calar ou duvidar. Acreditar que os

14 Sotelo, op. cit.

leitores podem lidar com textos que os deixem inquietos ou em estado de interrogação é uma maneira de apostar nas aprendizagens sobre a ambiguidade e a polissemia na arte e na vida. Nem todos os silêncios precisam ser preenchidos, menos ainda aqueles que constituem o modo de ser de gêneros como o fantástico, o humor absurdo e a poesia.

Em outro trabalho de campo da pós-graduação, uma professora realizou uma experiência de leitura com textos humorísticos em um terceiro ano de uma escola situada no oeste da cidade de Buenos Aires. Em um dos encontros ela propôs a leitura do conto *O senhor Lanari*, de Ema Wolf.[15] O relato conta a história de um senhor que, ao sair de casa, começa a se destecer porque um fio de seu gorro de lã fica preso na mandíbula de seu cachorro. Como era domingo e ele estava levando doces para sua avó, assim que chega, quase totalmente destecido, ela começa a tecê-lo novamente. A lógica do habitual é transgredida e substituída por outra que carece de explicações, como geralmente ocorre nos textos de humor absurdo.

---

15 Wolf, Ema. "El señor Lanari". In: *Los imposibles* [*Os impossíveis*]. Ilustrações de Jorge Sanzol. Buenos Aires: Sudamericana, 1988. (Col. Pan Flauta).

O seguinte fragmento do registro da conversa de Karina sobre o conto mostra como a incógnita se desdobra em razão da falta de certezas a respeito do paradeiro do personagem quando se desteceu.

"Aqui quem escreve nos enganou. Por que não nos contou nada?", diz Sebastián.
Eu lhes pergunto: "Por que vocês precisam saber onde esteve Lanari?"
Bruno responde: "É que aqui acontece algo estranho. Porque o homem já não está mais, mas aqui diz que ele se sentia diminuindo…"
Macarena: "Claro, porque estava ficando invisível…"
Luciano: "Mas não sabemos se era invisível. Aqui diz que ele se desteceu todo, só ficaram as meias…"
Bruno: "Mas também comprou doces…, assim como estava…"
Pablo: "A avó sabia onde ele estava enquanto não esteve lá? Ou ele sempre esteve no mesmo lugar e se tornou invisível?"
Eu digo: "O que pensam os demais? Parece-me que o que Pablo quer dizer é que uma coisa é ser invisível e outra é ficar destecido…"
Micaela: "Sim…, não acho que Lanari tenha ficado invisível…, porque era uma lã desmanchando… Ali estava

a lã no lugar em que antes era uma pessoa, mas depois não era mais uma pessoa, era uma lã, não era invisível."
"Está certo", eu digo. "O que acham?"
Bruno: "Mas como ele fez para comprar os doces?"
Luciano: "Comprou e pronto. Para mim o conto é assim porque senão a gente se pergunta como o homem se desteceu e então nada tem sentido."[16]

Nessa discussão, é interessante como a professora presta atenção à inquietude que o não saber suscita e, com suas perguntas, faculta as possíveis interpretações sobre o incerto sem fechá-las, deixando que os leitores apresentem suas hipóteses e teorizem sobre as informações dadas pelo narrador a ponto de que um deles vivencie a escassez de dados como "enganação" do narrador e outro admita que "o conto é assim".

Na reunião de orientação em que Karina leu esse registro, contou que, diante da inquietação provocada pela incerteza, esteve a ponto de propor uma atividade gráfica que desse algum fechamento àquilo que se apresentava como uma incógnita. Gerou-se ali uma instigante discussão sobre o porquê dessa

---

16 Cardaci, Karina. [Sem título]. Buenos Aires: projeto de final de curso, Postítulo de Literatura Infantil y Juvenil, 2008 [mimeo].

proposta que buscava preencher os silêncios constitutivos da proposta artística daquele texto. Após esse debate Karina escreveu:

> Eu até havia ficado com a sensação de que talvez tivesse sido bom propor-lhes pensar aonde fora Lanari enquanto estava destecido. Na orientação sobre esse registro, me dei conta de minha necessidade de aliviá-los (ou de aliviar a mim mesma), e por isso deixei as coisas assim, sem explicação nem "desenhinho" que compensasse.[17]

Além de aprender a escutar os silêncios dos textos e colocá-los em jogo nas experiências de leitura, os mediadores podem aguçar o ouvido aos modos particulares que os leitores têm de se expressar e de fazer hipóteses sobre seus achados artísticos.

Hipóteses não expressas em jargão técnico sobre literatura e artes visuais se manifestam em palavras, atitudes ou gestos extremamente originais de crianças, adolescentes ou adultos que, se há alguém disposto a escutá-los, sempre têm muito o que dizer sobre como os textos são feitos.

17 Ibidem.

Falo de uma escuta alimentada com teorias, já que para reconhecer, apreciar e potencializar os achados construtivos se torna produtivo o manejo de alguns saberes teóricos por parte do mediador. Não me refiro à teorização como uso de terminologias ou discursos específicos da teoria literária ou da retórica da imagem como etiquetas "corretas" de achados interpretativos. A leitura de um poema, por exemplo, se for apenas uma via para detectar, isolar, dissecar e mencionar hipérboles, sinestesias, antíteses, metonímias etc., deixa de fora a poesia e os leitores.

É possível falar dos textos de forma profunda e crítica sem fazê-lo "em jargão". No entanto, essa visão não subestima os modos particulares que cada teoria tem para designar os procedimentos das diversas artes. Ao contrário, uma escuta sensível, que valorize os modos pelos quais cada leitor se refere ao contato com metáforas, perspectivas inusitadas, alterações temporais, elipses etc., pode ser uma situação para que essas descobertas sejam colocadas em diálogo com algumas denominações técnicas. Trata-se de uma maneira de transmitir culturas e pôr à disposição saberes técnicos sobre a arte que não pretende ser "a verdade" acerca dos textos. A teoria é mobilizada a partir daquilo que os leitores dizem sobre os textos, e não de antemão: quando ela precede a leitura, condiciona e fecha sentidos.

Mariela, outra professora interessada em desafiar a si mesma e aos leitores com textos belos e sem concessões, e desejosa de "ficar disponível de corpo e alma para escutar", refletiu sobre essas questões ao escrever sua experiência de leitura de poesia com jovens entre 13 a 20 anos de idade. Seu projeto foi realizado em um centro comunitário que organiza atividades culturais e recreativas e oferece almoço e jantar para "adolescentes em risco social" no sul da região metropolitana da província de Buenos Aires, em um bairro bastante marcado pela exclusão. Vejamos um fragmento do registro de um encontro em que propôs a leitura de um poema que escapasse ao convencional nas leituras do gênero nessas idades.

"Leia este que parece esquisitíssimo", pede-me Susana.

Ela me passa o "Poema II" de *Trilce*,[18] eu lhe pergunto por

---

18 "*Tiempo Tiempo./ Mediodía estancado entre relentes./ Bomba aburrida del cuartel achica/ Tiempo tiempo tiempo tiempo./ Era Era./ Gallos cancionan escarbando en vano./ Boca del claro día que conjuga/ Era era era era./ Mañana Mañana./ El reposo caliente aún de ser./ Piensa el presente guárdame para/ Mañana mañana mañana mañana./ Nombre Nombre./ ¿Qué se llama cuanto heriza nos?/ Se llama Lomismo que padece/ Nombre nombre nombre nombrE*" (César Vallejo, »

que e ela me indica o "e" maiúsculo do final: "É que se pode ler ao contrário. Não está vendo que termina em maiúscula? Lê-se também assim", e com o dedo indica uma possível leitura que não respeita a linearidade convencional. Todo um achado.

Eu o leio e Tino interrompe: "Assim qualquer um escreve, com duas palavras e repete, repete, repete". Eles se riem da "armação".

Volto a ler em voz alta, acentuando as repetições, "Tempo tempo tempo tempo", e as palavras unidas "Omesmo".

"Parece um relógio de um telefone que diz 'Treze horas, quatorze minutos, quarenta segundos'", diz Brian, e repete: "Treze horas, quatorze minutos, quarenta segundos". Surpreende-me a perspicácia da associação tão sintonizada com o poema, com suas repetições que tematizam a rotina, com o tempo indiferenciado em "Omesmo".

» "Poema II" de *Trilce* [1922]). [N.T.: Na tradução de Lucie J. de Lannoy: "Tempo Tempo./ Meio-dia estancado entre relentos./ Bomba enjoada do quartel deságua/ Tempo tempo tempo tempo./ Era Era./ Galos cantam escarvando em vão./ Boca de um claro dia conjuga/ Era era era era./ Amanhã Amanhã./ O repouso ainda quente de ser./ Pensa o presente guarda-me para/ Amanhã amanhã amanhã amanhã./ Nome Nome./ O que se chama quanto eriça-nos?/ Chama-se Omesmo que padece/ Nome nome nome nomE" (Lannoy, Lucie J. de. *O espaço do desamparo na poesia de César Vallejo*. Brasília: dissertação de mestrado, Instituto de Letras da UnB, 2006, p. 69).]

Pergunto-lhes de que maneira Vallejo poderia ter desenhado esse texto e me dizem: "Em círculo" (em formato de relógio). Aprecio seus achados e demonstro isso com um sorriso.

Brisa me traz *A formiga que canta*, de Laura Devetach e Juan Lima,[19] e me mostra um poema "escarrapachado". Quer lê-lo, começa e vai mostrando com o dedo por onde segue em meio à mescla de letras e formigas.

Começam a nos trazer os pratos para o jantar. Também mesclados circulam os poemas. "Eu também quero escutar", diz Graciela, a cozinheira.

Mariela não só se propõe a ler um poema que "parece esquisitíssimo": com suas intervenções, também instiga os leitores a adentrar nos poemas, participando do jogo para o qual foi convidada. A pergunta sobre como seria possível desenhar o poema abre caminho para luminosas hipóteses dos jovens, expressas por meio de comparações, como a de Brian, entre a repetição no poema de Vallejo e a gravação das horas no telefone. Por outro lado, ela aprecia como os jovens "leem com

---

19 Devetach, Laura (textos) e Lima, Juan Manuel (ilustrações). *La hormiga que canta* [*A formiga que canta*]. Buenos Aires: Eclipse, 2004. (Col. Libros-Álbum del Eclipse).

os dedos", particularmente no caso de Brisa com o texto de Devetach, em que a palavra "escarrapachadas", referente às formigas, é literalizada pelo jogo gráfico de Lima, que as esparrama com as sílabas do poema.

Desse modo, a escuta é estendida não só ao que é expresso em palavras, mas também aos signos transmitidos por gestos eloquentes. Escutar também passa por ler o que o corpo diz. Assim pensa Ángeles, uma professora que propôs a leitura de livros de Anthony Browne com crianças que frequentam refeitórios comunitários em bairros pobres do sul da cidade de Buenos Aires:

> Como mediadora, sinto que há algo entre a proposta de livros como esses e a gestão de um espaço e de um tempo em companhia de outros leitores, que, lentamente, vai estabelecendo a possibilidade de descobrir outras leituras, as dos leitores mais silenciosos: leituras não expressas em palavras, mas com gestos, sinais, olhares. Descobri-las a partir do lugar do mediador e poder, em alguns momentos, devolvê-las ao grupo talvez em palavras que as valorizem e lhes deem lugar em meio a todos.[20]

20 Larcade Posse, Ángeles. *Sobre el derecho a encontrarnos y descubrirnos através de la lectura* [*Sobre o direito de nos encontrarmos e de nos descobrirmos por meio da leitura*]. Buenos Aires: projeto de final de curso, Postítulo de Literatura Infantil y Juvenil, 2008 [mimeo].

Nas palavras desses mediadores em suas conclusões avaliativas sobre o trabalho realizado, a escuta é, antes de tudo, uma prática que se aprende, que se constrói, que se conquista, que demanda tempo. Não é um dom ou talento, tampouco uma técnica que se resume em seguir certos procedimentos para escutar com eficácia. É fundamentalmente uma atitude ideológica que parte do compromisso com os leitores e com os textos e do lugar conferido a todos aqueles que participam da experiência de ler. Por isso, a escuta como prática pedagógica e cultural, que combina a exigência com a confiança na capacidade de todos os leitores, pode ter resultados transformadores em contextos marcados por processos de exclusão econômica e social e por diversas formas de autoritarismo.

Em experiências de leitura compartilhada, os mediadores que aprendem a ouvir nas entrelinhas constroem pontes e acreditam que as vozes, os gestos e os silêncios dos leitores merecem ser escutados. Se assim for, quando é assim, ler se parece com escutar.

A conversa literária como situação de ensino*

Texto baseado na conferência pronunciada pela autora na 7ª Jornada de Reflexão sobre a Leitura e a Escrita, organizada pela Associação Colombiana de Leitura e Escrita (Asolectura) – Bogotá, 17 de agosto de 2010. Essa edição da Jornada se voltou para o tema das experiências de leitura e escrita na escola, e contou com a presença de cinquenta docentes brasileiros como parte de um programa da Fundação Nacional do Livro Infantil e Juvenil (FNLIJ) y do Instituto C&A.

Pensar as conversas sobre literatura como o coração, como o eixo central do encontro de saberes literários entre docentes e alunos é um conceito que convida a refletir sobre a literatura para crianças e jovens e sobre seu ensino. Assim ocorre em diversas experiências de formação de docentes nas quais sondar o que acontece com os leitores quando falam de livros se torna uma situação de construção de conhecimento. Vou me referir aqui particularmente a uma dessas experiências, da qual participei desde sua origem: a pós-graduação em Literatura Infantojuvenil, um curso público e gratuito de um ano e meio para docentes de diversos níveis de ensino, conduzido entre 2002 e 2001 na cidade de Buenos Aires.[1] O curso abordou

---

[1] Uma caracterização abrangente da pós-graduação em Literatura Infantojuvenil está apresentada em uma publicação de autoria da equipe de coordenadores e professores do curso: Cecilia Bajour *et al.* »

essencialmente a literatura, a leitura de imagens e os leitores considerados em um amplo sentido: como docentes, como pessoas que atuam em determinados contextos vitais e sociais, como participantes e herdeiros ativos de uma história da leitura que os precede e os envolve, como escutadores conscientes e formadores de leitores infantojuvenis e como delineadores e gestores de experiências de leitura.

Um momento sensível e mobilizante do curso era especialmente aquele em que os alunos docentes começavam a pensar e a imaginar seu trabalho final: uma experiência de leitura a realizar-se no período de um mês nas escolas em que trabalhavam ou em espaços fora delas. Ao chegar esse momento, nós que coordenávamos e lecionávamos o curso sentíamos, do mesmo modo que os alunos, uma agradável vertigem. A sensação surgia porque tudo o que vínhamos propondo e discutindo até o momento do trabalho de campo sobre a literatura e a arte da ilustração, a edição e a leitura como temas centrais do curso,

» *El Postítulo de Literatura Infantil y Juvenil*. Buenos Aires: Escuela de Capacitación Docente (CePA), Ministerio de Educación del Gobierno de la Ciudad de Buenos Aires, 2007. (Col. Experiencia de Capacitación). Disponível em <http://estatico.buenosaires.gov.ar/areas/educacion/cepa/experiencia_capacitacion_lij.pdf>. [N.A.]

passava de nossas cabeças e nossos debates para a frondosa e complexa realidade: a da prática.

Quer dizer: muitas das leituras, buscas e descobertas que vinham amadurecendo nos docentes ao longo de quase dois terços do curso deparavam com a complexidade e riqueza do cenário escolhido e procurado, com sua própria biografia prática, com os modos de proceder pessoais e profissionais acerca da leitura literária que cada professor foi construindo em seu ofício e que, na hora do trabalho de campo, reclamavam uma reflexão e uma possível transformação no proceder de cada um. Não se tratava de um encontro idílico com o ensino da leitura literária na escola, mas de um jogo de forças entre as tendências à conservação e à mudança, tensão que caracteriza toda prática e que a reflexão teórica combinada com a ação pode contribuir para enriquecê-la, colocando-
-a em relevo e discutindo sua naturalização.

Era uma experiência, como eu dizia, realizada durante um mês em contextos escolares ou fora deles, na qual os professores, a partir do próprio desejo como motor das propostas, encaravam a gestão de uma série de encontros entre os textos literários e os leitores reunidos em um projeto aglutinador. Enfatizo o desejo porque é acalantando-o e tornando-o consciente que uma prática pode vir a ser efetivamente própria, e não apenas um requisito externo de uma etapa de avaliação.

Uma vez pensado o projeto, que se ambientado na escola deveria ir além da sala de aula em que se trabalhasse (ou seja, pressupunha-se algum grau de articulação com outro âmbito pedagógico da escola: outra turma, um ciclo, a relação com a biblioteca, com um grupo de pais, com outra instituição etc.; essa pauta tinha que ver com o fato de que estimulávamos o aspecto da gestão como algo intensamente formativo), e cumpridos os pré-requisitos de articulação com os diversos atores participantes, o núcleo da proposta consistia na seleção dos textos com os quais se trabalharia e na preparação dos encontros dos leitores com esses textos. Se a proposta se voltava para âmbitos exteriores à escola, também havia uma série de considerações que implicavam uma gestão prévia para assegurar as práticas e dar-lhes sentido.

Durante o mês em que ocorriam os encontros com os leitores, os docentes compareciam uma vez por semana, em pequenos grupos, a uma reunião de orientação na qual se discutia, em um clima de grande horizontalidade entre o orientador e os colegas, os registros desses encontros. Nesses registros, o eixo central consistia em narrar e descrever o contexto, os atores e a situação, recriar as conversas, as intervenções feitas e os saberes mobilizados e expor as reflexões sobre as decisões tomadas. Para nós que orientávamos essas reuniões e para os próprios colegas que delas participavam, tratava-se de uma oportunidade muito vívida para nos instruirmos com a prática dos companheiros docentes a partir de seus escritos. Os registros (como veremos com mais detalhes adiante) eram constituídos, então, por vestígios do realizado — não espelhos miméticos da prática, mas recriações da prática que combinavam a subjetividade de cada olhar com a reflexão que o distanciamento posterior implicava.

A RELAÇÃO ENTRE SELEÇÃO E CONVERSA

Na preparação do projeto, a seleção dos textos se torna crucial para definir o "que" e o "como" dos encontros com os leitores. Por que essa centralização da seleção e qual sua relação com a conversa sobre os livros escolhidos?

Em "Ouvir nas entrelinhas"[2] afirmei que é na seleção de textos que "se inicia a escuta; aí o ouvido do

---

2 Texto publicado neste volume. [N.E.]

mediador começa a se apurar. A escolha de textos vigorosos, abertos, desafiadores, que não caiam na sedução simplista e demagógica, que provoquem perguntas, silêncios, imagens, gestos, rejeições e atrações, é a antessala da escuta".

O momento da seleção de textos sempre supõe a consideração, de modo mais ou menos categórico, de representações, teorias e problemas acerca da literatura, da leitura e dos leitores. No caso da experiência que realizamos na pós-graduação, pensamos na etapa da escolha como uma ocasião formativa e não partimos de "critérios de seleção" fixos e prévios para escolher os textos. A ideia de "critério" muitas vezes se confunde com a de "receita", como se houvesse um conjunto fechado e único de conceitos ou motivos a se levar em conta na hora de escolher textos literários.

Diversas experiências demonstram que a busca de critérios de seleção costuma obter como resposta um esquema ou quadro com diversas variáveis a partir das quais considerar e escolher os textos. Esses pontos de partida muitas vezes desprezam a importância do estético e propõem classificações e tipologias que deixam o literário e o artístico em segundo plano, como ocorre com aqueles que têm que ver com o ensino de valores, para dar um exemplo muito conhecido de demanda extraliterária. Ou que, se levam em conta o literário, rapidamente retrocedem para encerrá-lo em esquemas que não toleram a incerteza, as zonas híbridas, os limites difusos. Esse posicionamento quanto à seleção, além de ser reducionista, pressupõe uma perspectiva sobre a leitura em que a teoria (mais precisamente, alguns de seus usos "aplicacionistas") a precede para condicioná-la. Desse modo, certos critérios predeterminados funcionam como ponto de partida para verificar se os textos se adaptam ou não a esquemas assimilados de antemão. Olhados assim, os textos literários perdem sua singularidade, sua capacidade de nos interpelar e sua "personalidade própria", que dissolve em uma classificação que tende a nivelar e homogeneizar tudo.

Vale deixar claro que a problematização desse uso da teoria não implica negar seu valor para promover leituras mais instigantes e complexas. Ao contrário, as teorias são caminhos frutíferos para entrar em diálogo com a leitura, levando-se em conta a liberdade dos leitores, por sua vez donos de suas próprias teorias e hipóteses no ato de ler. Isto é, as teorias não existem para serem aplicadas; antes, constituem visões de mundo que vale a pena conhecer de modo crítico para encontrar possíveis chaves de leitura e construir outras novas.

A ênfase em propiciar um posicionamento crítico a respeito da relação entre seleção de textos e teoria vai a par da convicção de que, quanto mais conhecermos a respeito dos textos e das maneiras de lê-los, mais autonomia teremos para não ficarmos presos a receitas, esquemas, critérios fixos etc. no momento de fazer a escolha.

Escutemos algumas vozes de professores que apresentaram, no relato final de seu trabalho de campo, quais decisões foram tomadas e como refletiram sobre a seleção dos textos que propuseram em suas práticas.

Já havia chegado o momento de compartilhar o terceiro encontro e dessa vez eu não tinha tantas dúvidas a respeito de que livro levar, porque havia planejado levar três opções de livros-álbuns para que, nessa oportunidade, as crianças pudessem encarar a escolha democraticamente. Dessa forma, o problema era quais livros não levar. Para que o resultado não fosse "catastrófico" para mim, escolhi livros que eu conhecia muito bem por já ter trabalhado com eles na pós-graduação, por tê-los lido para outras crianças da pré-escola e, sobretudo, por tê-los desfrutado bastante em cada leitura.

Como primeiro requisito, procurei em cada livro a presença de uma estética específica, pois desejava apresentar técnicas plásticas variadas, com diferentes relações entre cores, luzes e sombras, espaços em branco, com e sem tarja, e que, além disso, diferissem em formato, tamanho, distribuição do texto na página etc. Após uma árdua reflexão, os três livros selecionados foram parar em minha pasta.[3]

Nas palavras da professora Andrea Abdala surge, com muita força, a importância de "conhecer muito bem" os textos que serão escolhidos a fim de garantir a autoconfiança na hora da prática e, podemos acrescentar, a capacidade de uma escuta apurada no momento da leitura e da conversa sobre esses textos. Em seu relato, também aparece a relevância dada ao estético, nesse caso com particular ênfase nos signos

---

3 Registro de Andrea Abdala, professora de pré-escola. Os três livros selecionados pela docente foram: *Vida de perros* [*Vida de cachorros*], com texto e ilustrações de Isol. México: Fondo de Cultura Económica, 1997. (Col. Los Especiales de "A la orilla del viento"); *Willy y Hugo*, com texto e ilustrações de Anthony Browne. México: Fondo de Cultura Económica, 1995. (Col. Los Especiales de "A la orilla del viento"); *Chumba la cachumba*, anônimo popular com ilustrações de Carlos Cotte. Caracas: Ekaré, 2005. (Col. Clave de Sol).

plásticos — já que se trata de livros-álbum —, e a busca do que é singular em cada um.

Por outro lado, é possível observar, em suas palavras, um tema que comumente preocupa as consciências daqueles que escolhem: a democracia na hora da escolha. Como afirma Aidan Chambers em seu livro *Diga-me*, uma vez que "o livro que escolhemos traz em si a potencialidade de nossa conversa — temas a abordar, ideias, linguagem e imagem, avivamentos da memória etc. —, sua escolha é uma atividade muito valiosa. Aqueles que escolhem estão exercendo poder".[4]

Se associarmos a afirmação de Chambers às preocupações de Andrea Abdala, poderemos refletir sobre como nos posicionarmos diante do poder implícito em todo ato de seleção sem cair em atitudes como o autoritarismo ou a demagogia — ou seja, nem na tendência dos mediadores ou das instituições a arrogar-se, unilateralmente, o controle do que se escolhe, nem na decisão de deixar as crianças ou os jovens sozinhos na hora da escolha, sem nenhuma intervenção por

---

4 Chambers, Aidan. *Dime* [*Diga-me*]. México: Fondo de Cultura Económica, 2007. (Col. Espacios para la Lectura). [*Tell Me: Children, Reading & Talk*, 1993.]

parte do mediador. As duas posturas extremas tiram o corpo fora da ideia de seleção como um momento-
-chave na transmissão dialógica de saberes.

Uma postura flexível, baseada na confiança no que as crianças e os jovens são capazes de fazer quando escolhem, abre caminho para aprender mutuamente sobre as razões que estão por trás de toda escolha. Predispor-se à inclusão de livros escolhidos por eles, mesmo que se duvide de seu valor, é uma porta aberta para discutir sobre livros e ajudá-los a fortalecer as argumentações sobre seus gostos e saberes.

Outra professora, desta vez do Ensino Médio, que decidiu fazer seu projeto de leitura com poesia contemporânea em uma escola primária, contou o seguinte sobre sua escolha:

> Nesse encontro foi decidido que se trabalharia com um *corpus* de poesias vanguardistas de Oliverio Girondo. Foram lidos poemas de seu livro *Vinte poemas para serem lidos no bonde*. Em parte, a decisão girou em torno de uma demanda dos alunos de fugir da musicalidade (a alguns não agradava "a cantiga") e de certo imaginário da poesia tradicional que costuma ser dominante, na qual predominam evocações ao sentimental e a temas "românticos". Ainda que anteriormente se houvesse

trabalhado com poemas de Oche Califa do livro *Para escutar a tartaruga que sonha*, os quais recorriam ao humor absurdo e a uma maneira diferente de pensar a realidade e o mundo, os alunos igualmente identificaram certa especificidade do cânone tradicional. Alguns pediram "ação, violência, morte, sangue e temas fortes". Por esse motivo, este projeto aberto incluiu, para seus dois últimos encontros, poemas vanguardistas e poemas com histórias narradas: epopeia.[5]

A aposta da docente Fabiana Godoy de ler poesia de vanguarda com crianças de sexto ano — ainda mais se tratando de um poeta argentino que não escreveu para crianças — supõe o desafio de sair do cânone poético mais difundido na escola. "Sair da cantiga" é buscar outros caminhos, nesse caso os do verso livre, que exploram uma musicalidade diferente da

---

5 Registro da professora Fabiana Godoy. Além dos livros mencionados — *Veinte poemas para ser leídos en el tranvía / Calcomanías / Espantapájaros*, de Oliverio Girondo (Buenos Aires: Centro Editor de América Latina, 1968), e *Para escuchar a la tortuga que sueña*, de Oche Califa com ilustrações de Lucas Nine (Buenos Aires: Colihue, 2005. Col. Los Libros de Boris) —, a docente selecionou *El zar Saltán y otros romances*, de Alexandr Pushkin, com tradução de Omar Lobos, versificação de Oche Califa e ilustrações de Omar Francia (Buenos Aires: Colihue, 2006. Col. Los Libros de Boris).

tradicional, cuja métrica apresenta a rima consoante e a uniformidade rítmica como características mais clássicas. O mesmo se dá com a exploração de "uma maneira diferente de pensar a realidade e o mundo". Propor aos alunos temas diferentes, que fujam das representações habituais do que seria "o infantil", implica abrir o mundo dos leitores infantis para outras estéticas e linguagens.

Quanto à demanda dos leitores por "ação, violência, temas fortes", em vez de ratificar o que decerto eles já trazem e conhecem (fundamentalmente de suas experiências culturais relacionadas às mídias), a docente toma posição por uma transmissão de saberes literários que suponha ampliação e não repetição do que está dado. Diante do pedido de narração, em vez de furtar-se ao poético, negocia um salto que implica uma combinação do narrativo e do poético, no caso uma obra não tão comum na escola primária: uma tradução de um poema narrativo de Pushkin.[6]

Enquanto ocorria o processo de seleção, nas cabeças dos professores começava a ser gerado o imaginário sobre as possíveis leituras e conversas a respeito

---

6 Alexander Pushkin (1799-1837), escritor e poeta russo do período romântico. [N.E.]

dos livros escolhidos. Surgiam os primeiros esboços dos mapas de percurso: mapas abertos, nunca definitivos, nos quais, além de seu caráter conjuntural, se manifestava também uma maneira de pensar a literatura, a leitura e os leitores.

Pensar nos textos com antecedência é imaginar perguntas, modos de apresentar e adentrar os livros, estratégias de leitura e também de escrita ficcional, possíveis pontes entre o texto proposto e outros etc. É fazer uma representação provisória da cena com os leitores, que, por mais que sejam conhecidos, nunca se conhece de todo, que certamente surpreenderão nossas previsões, já que ninguém pode antecipar com certeza o rumo das construções dos sentidos dos textos. A predisposição à surpresa por parte do mediador é por si mesmo uma postura metodológica e ideológica em toda conversa sobre livros, dado que supõe partir do princípio de que as significações ou as maneiras de penetrar nos textos não estão dadas de antemão, ou de que não existe alguém, nesse caso o docente, que tenha a chave da verdade.

Habilitar a abertura ao inesperado no roteiro imaginário da futura prática de leitura literária com outras pessoas não quer dizer que basta dar lugar às vozes dos leitores para que sejam escutadas, sem qualquer outra intervenção do docente além de organizar a manifestação mais ou menos ordenada dessas vozes. Ou seja, não se trata de uma celebração acrítica da escuta.

Na pós-graduação, quando se iniciaram as primeiras práticas de leitura literária, geralmente predominava a tendência a interromper a leitura dos textos escolhidos para dar lugar ao que as crianças diziam (prática que estimulamos), como se fosse uma orquestração de improviso na qual o papel do maestro era o de pontuar as entradas dos músicos conforme a melodia que ia se criando no momento. Há algo disso — como dissemos, caso contrário não haveria surpresa —, mas se tudo se reduzisse tão somente à manifestação de sons espontâneos não haveria música e se correria o risco de cair num ruído ou rumor sem consequências para a construção de saberes.

De todo modo, consideramos essas primeiras aproximações um início bastante promissor, já que a interrupção da leitura por comentários sobre os textos, tanto por parte dos alunos como do professor põe em jogo a apreciação da construção social dos significados em uma comunidade de leitores. Para muitos docentes, isso era algo novo, e eles confessavam que ficavam admirados com a imensa desenvoltura de seus alunos ao expressarem ideias interessantes sobre os textos. Essa surpresa demonstra que as práticas de leitura literária mais habituais na escola ainda são bastante "monológicas", na medida em que os alunos aguardam que o professor faça sua leitura e o grau de participação dos leitores fica reduzido a uma escuta muitas vezes passiva ou excessivamente pautada por sentidos sugeridos de antemão.

Também ocorre que em nome de ideias um tanto difusas sobre o prazer da leitura a discussão ou as intervenções do professor a respeito de aspectos construtivos dos textos seja considerada uma intrusão na aura prazerosa, e que em todo caso a conversa se restrinja a comentários impressionistas e superficiais sobre os textos (gostar ou não gostar). Ou pode ser ainda que isso aconteça por que não se sabe o que dizer sobre como os textos estão construídos para além do aspecto temático ou argumentativo. Aqui, voltamos à ideia de que o conhecimento profundo dos textos escolhidos é uma premissa central para que o fluxo da conversa não fique somente ao sabor da opinião espontânea. Melhor dizendo, para que a livre afluência de ideias possa tomar alguns rumos delineados, seja por certas noções engendradas pelo docente na previsão imaginária do encontro, seja pela circunstância de que aquilo que ocorre no transcurso da discussão é considerado por ele como algo interessante em relação à construção de significados do texto ainda que não estivesse previsto em seu planejamento, que, quando é flexível e aberto, estará aberto à riqueza do novo e do inesperado.

Portanto, a preparação do encontro de leitura implica, em princípio, imaginar modos específicos de adentrar e apresentar os textos, de apurar os ouvidos e o olhar do leitor para uma leitura aguçada e atenta. Por isso, não existe uma fórmula única para penetrar nos textos. Nem sempre é necessária, por exemplo, a proposta de fazer antecipações em torno do que a capa de um livro sugere. Se ela for feita mecanicamente com todos os textos, pode se converter em uma prescrição vazia, sobretudo nos casos em que, por falta de conhecimento do que o livro apresenta, as hipóteses acabam por girar no vazio, sem sentidos possíveis de onde ancorar, de modo que se autoriza o "vale tudo". Em alguns casos, como naqueles em que a história contada transborda do interior do livro e há indícios significativos da matéria narrativa na capa ou nas orelhas,[7] as perguntas antecipatórias têm sua razão

---

7 Cf. Bajour, Cecilia. "El libro-álbum *Trucas* y las voces inquietas del silencio". *Imaginaria* (Buenos Aires), nº 265, 2010.

de ser. Mas isso não é necessariamente válido para todos os livros.

Os modos específicos de entrar nos textos podem partir de algumas chaves que cada livro sugira, ou de algum aspecto que se queira destacar ou no qual se queira intervir para a construção de saberes literários. Se um livro mostra como chave central ou princípio construtivo o uso da ironia ou o contraponto entre a imagem e o texto, as previsões sobre a conversa a respeito desse livro, e por conseguinte a conversa propriamente dita, podem procurar "seguir o jogo" desse "truque" do texto.

Foi isso o que procurou fazer uma professora que realizou um registro de prática de leitura com crianças do primeiro ano do Ensino Fundamental após trabalhar com o livro *Mi gatito es el más bestia* [*Meu gatinho é o mais besta*], de Gilles Bachellet.[8]

— Sabem como se chama este livro?
— Nããããão.
— Siiiim. "A história do elefante".
— "O elefante e o seu cestinho".
Entre outros...

---

[8] Bachelet, Gilles (texto e ilustrações). *Mi gatito es el más bestia*. México: Océano, 2005.

Alguns perguntaram "Como?".

E eu lhes disse o título, não sei por que, em tom conspiratório. Enquanto eles digeriam o nome do livro, comentei que era um livro muuuuito especial, porque, além de escutar o conto, tínhamos de ler as imagens.

— O que será ler as imagens? (Pensando bem agora, acho que os sobrecarreguei com informações, porém, mais do que tudo, com interrogações. Eles não podiam refletir sobre o gatinho que o título prometia e o enorme elefante que viam na capa, além de tentar responder a minha pergunta. Mas as crianças sempre nos surpreendem e sempre — ai! — querem agradar o professor.)

— As imagens são coloridas?

— Significa ler as letras — disse Bautista. (Claro, as letras também podem ser imagens, mas, como lhes expliquei, eu não me referia a isso.)

— O gatinho é besta porque comeu muuuuito! — disse de repente Maitena, referindo-se ao tamanho do elefante, buscando alguma explicação para a contradição apresentada pelo livro e descartando minha pergunta. Surpreendeu-me o fato de como o título ficou gravado, já que eu o havia dito uma só vez.

As crianças riram.

— Parece que Maite está lendo a imagem da capa! Podemos fazer isso? — pergunto.

— Já sei — disse Paz. — Significa olhar, olhar bem.

— Muito bem! — disse eu. — Vamos também olhar bem para ver o que as imagens nos contam.

Começo a ler: "Meu gato é muito grande, muito bom e muito, mas muito besta".

As crianças olham a imagem atentamente (pra ver o que eu lhes disse!...).

— Não cabe — é o sucinto comentário de Zoe ao ver o elefante sobre o cesto.

— "Quando meu gato não come, dorme. Quando não dorme, come. Quando não come, dorme."

Mostro a imagem e as crianças começam a fazer trava-línguas:

— Quando come, dorme e quando não come não dorme. Quando come come e quando dorme dorme. Quando dorme não come...

— O que ele está fazendo com essa bola? — pergunta Mateo.

— Está ajeitando sua almofada — responde Martín.

É interessante observar como as crianças não colocam sujeito em suas frases, como se não se animassem a aceitar ou a recusar a proposta do livro.[9]

---

9 Registro de Gabriela Fernández, professora do Ensino Fundamental.

Na estratégia de leitura da professora Gabriela Fernández nota-se um especial cuidado em valorizar o contraponto irônico que predomina na proposta de Gilles Bachelet. Em seus comentários sobre algumas intervenções, observa-se como ela está atenta aos indícios sutis das diversas maneiras com as quais as crianças revelam que pactuaram com a proposta do livro. A afirmação de que "o gatinho é besta porque comeu muuuuito" é uma mostra de que a pequena leitora faz o jogo de imitar o peculiar gesto irônico do texto. Não colocar sujeito nas frases, conforme sugere Gabriela, seria uma manifestação indireta de que as crianças estão dando crédito ao jogo de que aquilo que se diz não é aquilo que se vê.

De todo modo, as interpretações que por diversas razões não se inserem no enfoque irônico também têm pertinência no diálogo, não são desdenhadas. Nem todos os leitores vão pelo mesmo caminho ou da mesma maneira. As leituras que escapam à chave adotada pelo professor também podem ser interessantes, e é importante valorizá-las: todos nós, leitores, crescemos com as leituras dos outros, e isso também se transmite. Na conversa literária uma chave se enriquece com outras chaves. Também pode ocorrer que a discussão nos leve a trocar nossa chave por outra ou outras — por que não?

Enfatizando o que eu dizia antes, levar em conta a polissemia dos textos não implica, porém, que basta colocar em cena, indistintamente, todas as interpretações sem seguir algumas linhas, que podem ser aquelas previstas pelo professor ou outras propostas pelos alunos. Por outro lado, as linhas imaginadas pelo professor, quando são apresentadas de modo permeável às ideias que vão surgindo na conversa, tornam-se dialógicas e levam à construção coletiva de sentidos.

Um dos procedimentos fundamentais para que os leitores aprendam a discutir sobre literatura é a garantia de que suas intervenções sejam levadas em conta e de que o professor que coordena a conversa não seja o depositário de nenhuma verdade nem saber absoluto sobre os textos escolhidos. Quando o professor recorre ao próprio texto para que seja ele a responder às novas perguntas ou, mesmo que as deixe em aberto, estará indicando aos leitores o caminho para que consolidem sua argumentação a partir da materialidade do que as palavras e as ilustrações dizem ou calam.

Num registro feito após a leitura de *Una caperucita roja* [*Um chapeuzinho vermelho*], de Marjolaine Leray,[10]

---

10 Leray, Marjolaine (texto e ilustrações). *Una caperucita roja* [*Um chapeuzinho vermelho*]. México: Océano, 2009.

com crianças do terceiro ano, a professora Cecilia Chiapetta expôs essas e outras decisões, tal como se lerá no fragmento a seguir, em que, depois de uma riquíssima discussão sobre o texto, uma aluna indagou sobre o lugar onde transcorre a ação, que está suprimido nessa obra tão condensada quanto à informação linguística e visual.

— Onde eles estão? — pergunta Rocío.
Devolvo a pergunta ao grupo: — Na verdade, crianças, eu ainda não havia me perguntado isso. Onde lhes parece que estão?
— Na casa do lobo! — grita Pablo.
Os demais não parecem estar seguros, e então lhes proponho voltar ao início do conto. Repassamos as páginas em silêncio até o ponto em que o lobo diz: "Melhor vir comigo".
— No início estavam no bosque, mas ele vai levá-la para a sua casa. — explica Gonzalo.
— Igual às outras "Chapeuzinhos" que lemos antes? — pergunto-lhes.
— Nãããão! — contestam todos, quase automaticamente.
— Não vão para a casa da vovozinha — diz Rodrigo.
— Vão para a casa do lobo.

Continuo a virar as páginas. Eles me detêm gritando:
— Esta é a mesa dele! A mesa do lobo![11]

A professora Cecilia deixa explícito seu "não saber" sobre esse aspecto do livro e não só decide compartilhar a busca com as crianças, que a levaram a enfocar algo que ela não havia considerado, mas também recorre à estratégia de que o próprio texto ajude a encontrar uma resposta possível. Por outro lado, retoma o comentário de um aluno que, diante da ausência de referências do contexto, recorre ao conhecimento de outras leituras de "Chapeuzinhos" realizadas com o grupo e estimula o diálogo intertextual que ajuda a pensar em semelhanças e diferenças entre essa versão paródica e outras versões. Quando as crianças levantam a hipótese de que as personagens não vão para a casa da vovozinha, mas para a do lobo, a professora mais uma vez decide se calar para que seja o livro que fale, e vira as páginas até que os alunos encontram uma confirmação da hipótese deles: "Esta é a mesa dele! A mesa do lobo!".

E é por meio dos registros das docentes Andrea, Fabiana, Gabriela e Cecilia, e de tantos outros educadores

---

[11] Registro de Cecilia Chiapetta, professora do Ensino Fundamental.

que se propõem a escrever e a pensar sobre suas práticas, que as conversas sobre livros e sobre as vozes dos leitores tornam-se tangíveis e são transmitidas para os colegas. Deixam de ser palavras e ações que correm o risco da efemeridade característica de tantas situações potentes dentro da escola e passam a ser matéria-prima para a conceitualização sobre o próprio fazer e o de outros professores.

OS REGISTROS COMO VESTÍGIOS SENSÍVEIS DA CONVERSA LITERÁRIA

Ao iniciar estas reflexões, qualificamos os registros de situações de leitura como espelhos não miméticos do que aconteceu — quer dizer, não como uma cópia da realidade (tarefa, aliás, impossível), mas como reflexo de uma prática social de leitura perpassado pelo olhar de cada um. Os registros são um gênero dentro das narrativas docentes em que professores, por meio da palavra escrita, se tornam protagonistas de sua reflexão graças a uma combinação de proximidade e distanciamento, que lhes permite escrever sobre a prática pouco tempo depois de tê-las realizado. Distante dos formatos padronizados e formais para dar conta da realidade, são escrituras em primeira pessoa que relatam a vitalidade e a complexidade do que foi feito, visto e escutado com o tom singular de cada autor. Sempre são fragmentos ou recortes da realidade, já que a totalidade não pode ser apreendida. E, fundamentalmente, são escritos que fazem a própria voz dialogar com o coral de outras vozes, já que estamos falando da leitura como uma construção social. Vozes que não se perdem ou se diluem na massa da generalização ("todos disseram...", "alguns contestaram..."), mas que se somam nos escritos e que são valorizadas por sua singularidade: são vozes com nome, vozes levadas em conta como traços significativos de leitores, tal como vimos nos fragmentos aqui comentados.

Durante a realização dos projetos de leitura, os registros se convertem em uma marca sensível de como o imaginado e o planejado deparam com a realidade, que sempre expande e enriquece toda hipótese ou conjectura prévia. Graças à possibilidade de refletir sobre o que foi realizado, essencial na filosofia de registro que fomentamos, registrar também se torna uma parada no caminho, às vezes para embaralhar e dar as cartas de novo, outras vezes para consolidar o que se fez ou para conceber novas táticas.

Nas reuniões de orientação, na intimidade dos pequenos grupos que se reuniam com colegas que estavam fazendo experiências similares, promovemos em conjunto algo que, recorrendo a um neologismo didático, poderíamos chamar de "metaescuta", já que, em razão da leitura oral dos registros que os docentes traziam a cada reunião semanal, nos convertíamos em "escutadores" atentos de textos que contavam e refletiam sobre a escuta das vozes dos leitores. Escutávamos o modo como outros escutam.

Nessas reuniões, circulavam de maneira concentrada e intensa as hesitações ou as certezas a respeito dos textos escolhidos, as preocupações com as censuras ou autocensuras, os receios quanto às formas de intervir, as dúvidas sobre quando e como perguntar ou quando e como calar em uma discussão literária, os entusiasmos e fascinações com os achados dos leitores, as considerações sobre os textos teóricos que respaldavam algumas das reflexões derivadas dos ditos ou gestos dos alunos ou das intervenções do mediador. Cada reunião era uma usina sempre surpreendente de afetividades e pensamentos mobilizados pela escritura.

Para nós que coordenávamos essas reuniões e para os outros professores, as cenas lidas em voz alta entravam pelos nossos ouvidos e se delineavam no ar: não precisávamos estar ali para ver. Os docentes aprendiam a redigir registros que ajudavam os outros a observar os bastidores de seus encontros com leitores — daí a força da narrativa para ativar a escuta sensível e para reconstruir a leitura não como um fato abstrato, mas como uma construção ancorada no tempo e no espaço. A ideia era a de que eles pudessem fazer relatos que fossem além dos fatos curiosos, da descrição, e que aprofundassem os saberes teóricos sobre a literatura e a leitura.

Embora os relatos estejam associados a uma experiência concreta como foi a do trabalho de campo da pós-graduação, a potência das narrativas dos docentes para a conceitualização sobre as práticas de leitura em contextos de ensino transcende os marcos de uma etapa de formação. Seria desejável que as próprias instituições educacionais abrissem tempos e espaços para que os escritos e as experiências dos professores circulassem, fossem discutidos e se difundissem.

Para os professores, falar sobre textos literários com os alunos e com os colegas na escola e pensar, caso a caso, o que fazer é uma via privilegiada para a invenção da educação artística na escola. A construção do possível e do impossível pode ser uma tarefa cotidiana: nisso trabalhamos.

O que a promoção da leitura tem a ver com a escola?*

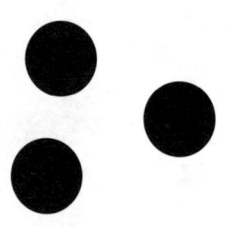

Texto da conferência pronunciada pela autora no 14º Fórum Internacional pelo Fomento ao Livro e à Leitura, promovido pela Fundação Mempo Giardinelli — cidade de Resistência, Província do Chaco, Argentina, agosto de 2009.

As bibliotecas escolares, em seus diversos modos de ser e de se manifestar, geralmente são foco de muitas das atividades e experiências vinculadas ao conceito de "promoção da leitura". A partir da segunda metade do século XX, com distintos desdobramentos conforme as circunstâncias em que a escolarização se desenvolvia, começaram a conviver, de forma tensa, dois discursos sobre a leitura nos períodos da infância e da adolescência: o discurso da leitura para o estudo, quase sempre relacionada à obrigatoriedade, e aquele voltado à leitura livre, à qual logo foi associada a ideia bastante difusa de prazer.

A confluência de ambos os discursos foi possível graças ao pacto entre a escola e outras experiências externas a ela, principalmente, embora não de maneira exclusiva, por parte das bibliotecas públicas. A experiência de alguns bibliotecários em torno de práticas de leitura caracterizadas pela liberdade, pelo jogo e pela diversidade de modos de acesso ao livro e a outros suportes começou a fazer parte da vida escolar, transformando algumas práticas tradicionais de sala de aula e impulsionando novas formas de se relacionar com a cultura na escola. Em consequência dessa aliança — não sem contradições —, ensinar a ler e promover a leitura se converteram em duas metas escolares entremeadas numa relação ao mesmo tempo saudável e difícil.[1]

De que falamos, contudo, quando dizemos "promoção da leitura" no ambiente escolar? A escola precisa "promover" a leitura se necessariamente está permeada por ela desde que existe, independentemente de como o faça? Assim como em relação a qualquer outro processo cultural, é produtivo e interessante ver esse caso com perspectiva histórica para evitar reduzi-lo com generalizações ou preconceitos.

Como dizíamos, a palavra "promoção" chega à escola com caráter de algo importado, já que não nasceu com ela, apesar de ter sido quem lhe deu acesso. Trata-se de um campo de práticas bastante heterogêneas, que reúne distintos atores interessados

---

1 Cf. Chartier, Anne-Marie e Hébrard, Jean. *La lectura de un siglo a outro: discursos sobre la lectura* (1980-2000). Barcelona: Gedisa, 2002.

fundamentalmente na literatura infantojuvenil e em outros sistemas culturais ligados à infância e à adolescência. Atores como contadores de histórias orais, promotores de cursos e oficinas, organizadores de feiras de livros, escritores, ilustradores, bibliotecários e outros, que podem ser independentes ou vinculados a diversas instituições educacionais, formais ou informais, ou ao mercado editorial (para o qual a ideia de promoção da leitura se combina com a ideia de marketing por meio de estratégias e resultados, e que é interessante considerar em sua complexidade, tanto como fenômeno de mercado quanto como atividade cultural). Dentro da escola, como afirma Graciela Montes,[2] há professores e bibliotecários que querem provar outros caminhos na "vida do ler" e então se posicionam do lado da "promoção da leitura", propiciando o acesso de outros agentes culturais. Na maioria dos casos, esses atores múltiplos, tanto do interior como do exterior da escola, propõem outros modos de se relacionar com a leitura, que têm suas próprias características e que procuram se

---

2 Montes, Graciela. "Ilusiones en conflicto" [Ilusões em conflito]. *La Mancha — Papeles de Literatura Infantil y Juvenil* [*Papéis da Literatura Infantil e Juvenil*] (Buenos Aires), nº 3, 1997.

diferenciar de algumas práticas e tradições pedagógicas e curriculares muito arraigadas na escola — fundamentalmente associadas ao normativo, prescritivo e academicista — e que também, ao serem introduzidos, confluem e, ao mesmo tempo, conflitam com elas.

A promoção, em sua versão mais simplificada e menos produtiva para o que nos interessa, ingressou com frequência na escola de mãos dadas com a ideia de "animação" (uma palavra que, na minha opinião, esconde ou sugere a ideia de que há algo, neste caso a leitura e os leitores, ao qual falta ânimo ou ao qual se deve reanimar). Um "animar a ler" que em muitas propostas se mostrou ou se mostra associado a uma série de práticas que buscam espetacularizar o ato de ler, convertê-lo em um show ou em um jogo superficial, em que muitas vezes os livros e a leitura acabam ficando em segundo plano ou, em casos mais extremos, quase não aparecem. Essa tendência, que poderíamos chamar de "ativista", costuma partir de premissas negativas que não veem no ler um fazer, que partem do princípio de que só vale o que é exibido, ou pensam que se devem insuflar ares vitais ou espetaculares na leitura, como se esta fosse uma atividade catatônica ou de pouca intensidade.

Evitar a tendência de que predomine a casca e não a polpa e o caroço quando se trata de ler não significa deixar de lado formas renovadas e lúdicas de adentrar os textos. Muitas práticas artísticas ligadas a esse campo da promoção que colocam leitura e os livros como o centro da proposta contribuem com muitíssimas ideias produtivas. Nesse sentido, artes como o teatro, a narração oral, o cinema e as canções para crianças podem oferecer novas estratégias sempre que valorizem esteticamente os textos e os façam sobressair.

Ao examinarmos as representações mais habituais a respeito da promoção, frequentemente deparamos com aquela que se ampara nos discursos e pedagogias do prazer, que continuam tendo muita influência nas práticas de leitura escolares.[3] Prazer que parte de uma visão da leitura como uma atividade sagrada e intocável. Prazer visto como consequência do contato "livre" com os textos, sem intervenção docente, que é considerada um obstáculo a essa relação prazerosa. Prazer também vinculado, de modo exclusivo, a

---

3 Cf. Bombini, Gustavo. "Sabemos poco acerca de la lectura" [Sabemos pouco a respeito da leitura]. *Lenguas Vivas* (Instituto de Enseñanza Superior Juan Ramón Fernández, Buenos Aires), ano 2, nº 2, 2002.

uma maneira superficial de ler textos literários. Essa concepção gera comumente falsas oposições entre leitura literária (aquela considerada prazerosa) e leitura de outros textos (associados ao estudo e ao esforço, raramente ao prazer).

Nessas perspectivas, portanto, o literário comumente se aparta do ensino e se afirma como uma experiência que, antes de tudo, deve ser desfrutada, sob uma perspectiva de prazer na qual a relação com a ficção deve ser de entrega e em que se torna impensável qualquer proposta que tente buscar um diálogo de saberes no mesmo ato de ler. A leitura fica longe de ser considerada um "fazer" quando predomina a noção de que com a leitura literária "não se faz nada". Assim, a biblioteca se torna um cenário do paradoxo de que ali se faz algo que na maioria das vezes não é apreciado nem percebido como um fazer com consequências para o currículo escolar. Isso se acentua em virtude de uma tradição de se registrar as atividades para comunicar aos pais ou para se ter um controle avaliativo sobre elas (na qual o caderno ou a pasta geralmente ostentam a evidência do fazer) não ter expressões mensuráveis em uma biblioteca, salvo nas ações de empréstimo e devolução de material, que não chegam a se enquadrar naquilo que tradicionalmente é visto como "algo que se fez". Como exemplo de estratégias que procuram contrabalançar essa condenação à invisibilidade, há bibliotecários ou professores que pedem às crianças que anotem em seus cadernos o que fizeram na biblioteca. E, caso esse registro seja apenas um requisito burocrático motivado pela exigência de que toda atividade escolar deve ser registrada para ser monitorada pelos pais ou por outro tipo de inspetoria do próprio âmbito escolar, dissolve toda intenção de converter as práticas de leitura na biblioteca em situações significativas para a vivência dos alunos como leitores.

Certamente, quando levada ao extremo, tal concepção de leitura literária na escola favorece a seleção de determinados textos e determinados modos de ler nesse âmbito: a leitura prazerosa é aquela em que se toma contato com textos leves em "posições de almofada", na qual os leitores são perpassados pela experiência literária de forma romântica e mágica. E na qual qualquer intervenção do mediador (por exemplo, o bibliotecário) é vista como uma intrusão do didático sobre a relação "livre" que todo leitor deveria ter com os textos, a fim de prenunciar-lhe um possível futuro de vínculos estáveis com a leitura.

As atividades literárias vinculadas à ideia de promoção que se realizam na biblioteca nem sempre estão, entretanto, permeadas por essa visão superficial da leitura. Em muitas escolas, seja por decisão da direção, seja por iniciativa própria, os bibliotecários frequentemente são gestores de experiências culturais relacionadas à leitura que têm efeitos marcantes na formação literária e artística dos alunos e de outros atores da comunidade escolar. São eles os responsáveis por convidar autores ou contadores de histórias, organizar feiras de livros e exposições temáticas, preparar o espaço da biblioteca para a realização de diversas atividades artísticas, conduzir visitas a museus e a outras instituições culturais da comunidade etc.

Os saberes relacionados à gestão cultural, porém, não fazem parte do currículo da formação dos bibliotecários escolares, de modo que as atividades culturais geralmente ficam na dependência da pura iniciativa daqueles que as propõem para que sejam realizadas com maior ou menor êxito. Seria desejável que uma tarefa tão importante como essa não ficasse fortuitamente sujeita tão somente à vontade daqueles que respondem pela biblioteca. Por outro lado, a realização de eventos culturais atinge a escola em seu conjunto quando toda a comunidade escolar se encarrega do seu planejamento e das tarefas que eles implicam. Caso contrário, toda a iniciativa e todo o esforço dependeriam do bibliotecário e isso contribuiria para a que a biblioteca fosse vista como uma instituição autônoma no contexto da escola, vinculada a ela em determinados aspectos e em outros não.

Muitas crianças, sobretudo aquelas que pertencem aos segmentos mais atingidos pelas crises socioeconômicas, têm a oportunidade de iniciar sua relação com experiências culturais graças às possibilidades geradas pela escola.

Não há motivo para que a responsabilidade da escola de propiciar aos alunos experiências culturais ricas e variadas seja concebida de forma apartada da responsabilidade de ensinar, muito pelo contrário.

Retomamos, então, a ideia de que, quando a biblioteca está na escola, ela está imbuída de seus principais objetivos e, portanto, quem responde por ela (o desejável é que seja um professor que tenha formação de bibliotecário escolar) não pode se desvincular do ensino. Em outras palavras, toda tarefa realizada pelo bibliotecário ou professor responsável pela biblioteca, inclusive e sobretudo a promoção da leitura, está inevitavelmente permeada pelo ensino.

Esse é o traço que distingue as bibliotecas escolares de outras bibliotecas.

A partir dessa perspectiva, a promoção não é uma forma de se manter alheio às metas escolares, atenuá-las ou "desescolarizá-las", e sim de dar novas formas e significados às tarefas educacionais. A ideia de "desescolarizar" a prática da leitura, sobretudo a literária, que está presente em muitos discursos relacionados à promoção, parte de uma representação negativa da leitura realizada na escola. Nessa representação, a leitura é vista como algo obrigatório (no aspecto mais improdutivo da obrigação), chato, repetitivo, avaliável (no sentido sancionador da avaliação, e não na acepção mais edificante do termo), que implica trabalho (no seu sentido mais opressor). "Desescolarizar", desse ponto de vista, então, vem a ser uma operação de resgate de tudo o que tem levado muitos a crer que a leitura e os leitores estejam em uma situação de crise.

Em relação a essa demanda de "desescolarização" da leitura, Gustavo Bombini afirmou:

> Nem tanto nem tão pouco. A escola não deve ter feito tanto dano à leitura nem tampouco será a única responsável por um complexo estado de coisas que a excede.

Por outro lado, desescolarizar a leitura — de literatura, no caso — significaria, em sutil e gracioso gesto, privar do direito a um campo de experiência estética milhões de crianças e jovens que só podem ter algum contato com o literário no contexto escolar.[4]

O perigo de conclamar à desescolarização da leitura estaria então na negação da responsabilidade da escola de incumbir-se de repensar o ensino e de buscar novos caminhos para que a leitura tenha outros significados na vida dos leitores escolares. Para superar esse risco, talvez a combinação das contribuições interessantes vindas do campo da promoção e da ressignificação da ideia de "escolar" — insuflando-a com suas melhores ressonâncias quando se pensa na leitura — seja um modo renovado de pensar a tarefa de ensinar a ler.

---

4 Bombini, Gustavo. *El maestro como promotor de lectura*. [*O professor como promotor de leitura*]. Palestra proferida na Feira do Livro de Guadalajara em dezembro de 2008.

Abrir ou fechar mundos: a escolha de um cânone*

Conferência proferida no seminário internacional "Ler com os clássicos", realizado na XXV Feira Internacional do Livro Infantojuvenil da Cidade do México, em novembro de 2005.

Gostaria de começar estas palavras sobre os problemas do cânone e da literatura infantil compartilhando com vocês, à maneira de epígrafe, um exemplo de um gênero que muitos consideram anticanônico, periférico ou marginal como é a tira em quadrinhos.[1] Nesse caso, trata-se de duas personagens criadas pelo cartunista argentino Liniers, o autor de *Macanudo*.[2]

---

[1] Não raro, é com as literaturas vistas como marginais que se iniciam trajetórias de leitura. [N.A.]

[2] Liniers. *Macanudo* 1 y 2. Buenos Aires: Flor, 2005. Em seus trabalhos, »

Na tira, Enriqueta, a pequena leitora que está absorta em frente a uma biblioteca, dialoga com seu gato, chamado Fellini, que a apressa a decidir-se por um livro. Pela resposta da menina, vemos que já sente o peso da influência que os livros lidos na infância terão em sua memória no futuro. No gesto humorístico de transpor uma angústia que alguns adultos podem sentir para uma menina que fala sobre livros com um gato, deparamo-nos com um tema que permeia este seminário: as pontes que se estabelecem ou não entre o passado, o presente e o futuro das leituras. Na tira de Liniers, os problemas do tempo aparecem invertidos, como costuma ocorrer no humor. Por acaso poderia importar a uma menina a marca dos livros, de certos livros, em sua futura trajetória como leitora? As crianças se perguntam "o que se deve ler" na infância? Elas se comovem, de antemão, com o futuro prestígio de alguns textos, se é que tal prestígio existe?

Se devolvemos a preocupação com o futuro sucesso das leituras aos possíveis preocupados, alguns

» Liniers cria um mundo absurdo, questionador das ordens, a partir de um olhar supostamente ingênuo, com uma narrativa minimalista, que explora as possibilidades formais do gênero do cartum forçando originalmente seus limites gráficos. [N.A.]

adultos envolvidos na mediação entre livros e crianças, de que modo eles poderão ajudar Enriqueta a resolver sua indecisão? Ou podemos ainda perguntar que espaço nós, adultos, deixamos às crianças para os encontros íntimos e venturosos que vão configurando aquilo que qualquer escolha tem de mais pessoal. A cena de Enriqueta e sua biblioteca pode nos levar a pensar no delicado equilíbrio entre as formas de intervenção de um mediador e a construção da autonomia do leitor.

De todo modo, no amistoso mundo criado por Liniers nem tudo está perdido para Enriqueta, a quem poderíamos considerar uma privilegiada: em seu mar de dúvidas, a menina tem uma biblioteca por perto e um gato com quem falar sobre livros. Se sairmos da ficção proposta na tirinha, o problema se dá quando esses livros não estão tranquilamente à mão, como ocorre cada vez com mais frequência em uma realidade social permeada pela desigualdade. Nesse caso, a preocupação não teria como objeto a angústia individual, mas a necessidade social de montar uma biblioteca para muitos e a possibilidade de gerar uma sociabilidade em torno dos livros escolhidos.

Antes de entrar no âmbito que vai do que é esboçado ao que é possível no mundo real, no entanto, quero emprestar da cena de Enriqueta o tema da escolha, ou seja, a questão do cânone. Nesse caso, o que me causa inquietação e múltiplas indagações é o cânone dos textos que as crianças leem ou lerão.

Para problematizar o cânone, parece-me interessante partir da própria palavra, de suas várias acepções e de seus usos em diversos campos ao longo da história. Principalmente porque se podem observar fortes reminiscências de antigos sentidos nos atuais usos e percepções de muitos com relação ao termo. Em suas origens, "cânone" tinha a ver com as artes plásticas, a religião e o direito. Também com a música. Em todos esses casos, seus significados básicos se referem a regras, a modelos e a preceitos. No terreno das artes plásticas praticadas na antiguidade greco-latina, "cânone" era a norma ou sistema que determinava as proporções da figura humana na escultura, na arquitetura e na pintura. As regras sobre aquilo que era considerado harmônico foram mudando com o tempo, mas a arte sempre foi, como continua sendo, um território de debate tanto sobre as supostas harmonias como sobre as tendências ou resistências a tomá-las como modelos. No âmbito religioso, dizia respeito, entre outros aspectos, às leituras religiosas legítimas em contraposição às apócrifas. Ao canonizar pessoas ou textos, a instituição religiosa sanciona regras de vida e de culto. Na música, "cânone" é um tipo de composição que se caracteriza por um fragmento melódico ou rítmico que é tomado como modelo e imitado por distintas vozes ou instrumentos. Como é fácil ver, a ideia de regulamento, de sagrado e de lei percorre todas essas definições de cânone.

No caso da literatura e de sua história, aos sentidos anteriores se acrescentaria a ideia de catálogos ou listas. Desde o mais antigo cânone literário, o de Alexandria (séc. II a.C.), até os cânones atuais, alguns deles muito divulgados e discutidos, como o "ocidental" de Harold Bloom,[3] diversas instituições e intelectuais de prestígio, na maioria dos casos representantes de grupos sociais hegemônicos, se encarregaram de selecionar e definir quais textos, autores e gêneros deveriam ser lidos ou tomados como modelos.

No ato de consagrar ou de excluir, próprio de qualquer cânone artístico, esconde-se uma série de definições sobre o que é a arte em cada momento histórico — em nosso caso, sobre o que é a literatura, em particular a infantil. Junto com essas definições, a operação do cânone põe em evidência, se não é

---

3 Harold Bloom, professor e crítico literário estadunidense. [N.E.]

acatado passivamente e problematizado, quem tem a incumbência de decidir, em cada campo artístico, quais são e quais não são os textos canônicos, a partir de quais visões ideológicas o faz, quais são as possibilidades de que tais textos sejam conhecidos como representativos de uma época, de uma tendência artística ou de uma cultura nacional e, algo que abordarei com mais detalhe, como são as representações dos receptores sobre esses textos e as formas dinâmicas e contraditórias de se relacionar com eles. Falarei sobretudo daquilo que diz respeito a nós, mediadores, na questão do cânone referente à literatura infantil.

Onde se originam os cânones na literatura infantil? Quem tem a incumbência de consagrar autores, textos e gêneros? Em um campo em que a academia e a crítica ocupam uma posição fragilizada, ainda que em luta para constituir-se com direitos plenos e originais, como ocorre na Argentina, quem indica, afinal, o caminho do que se deve ler? Sem dúvida, o mercado editorial e a escola têm um peso categórico na determinação de um cânone literário infantil, mas quero ressaltar que, em um contexto socioeconômico cada vez mais marcado pelo acesso desigual aos bens culturais, não se pode generalizar sobre um cânone sem pensá-lo, acima de tudo, em relação à acessibilidade dos leitores para conhecê-lo, valer-se dele com liberdade e apropriar-se dele — na melhor das hipóteses, para colocá-lo em discussão. Isso pode ser impossível nas localidades em que não se tem acesso a bibliotecas públicas (muitas vezes desprovidas de fundos ou com grandes dificuldades para renová--los) ou a livrarias (muitas das quais estão à mercê da distribuição dos grandes grupos editoriais, e com isso se perdem os achados de algumas pequenas e promissoras editoras, que em muitos casos indicam o caminho do novo na literatura infantil). Além disso, o problema do acesso é fortemente condicionado pelo custo, sobretudo de livros que pertencem a editoras estrangeiras, o que reduz sensivelmente a possibilidade de ampliar o cânone.

Por outro lado, os processos de canonização na literatura infantil são caracterizados, em maior grau do que em outras áreas do sistema literário, pela tendência a permanecer no conhecido: autores, coleções, gêneros e até teorias. O predomínio da repetição dificulta a abertura do cânone a áreas de experimentação, de buscas estéticas inovadoras. Um exemplo disso é a dificuldade que alguns autores que empreendem caminhos renovados têm para ingressarem no cânone, sobretudo quando produzem fora da capital do país ou do próprio país. Mais adiante veremos como se opera essa resistência ao novo nas práticas de seleção e de leitura.

Uma vez feita essa breve apresentação do conceito de cânone e de alguns de seus problemas, é interessante questionar a percepção que se costuma ter dos cânones como fenômenos vastos e inalcançáveis, como empreendimentos alheios, levados a cabo por indivíduos e instituições que parecem ter lido tudo o que se precisava ler. Diante dessa imensidão — ainda que sempre seja um recorte, já que se trata de uma seleção —, a sensação pode ser similar à de Enriqueta, a menina da tirinha: de angústia, de estar em falta com a autoridade, por vezes inominada, que designa qual é o Olimpo das leituras. É comum que se situem os clássicos nesse cume olímpico. Muitas vezes, basta lê-los ou colocá-los à disposição para perceber que esses cumes estão bem próximos do leitor, caso nos esqueçamos dos deveres canônicos. Entre esses deveres, por exemplo, está o de prestar culto a títulos dos quais por vezes só conhecemos a casca, sem nunca termos fincado os dentes em sua polpa.

Uma forma possível de desarmar essa ideia de cânone, concebido a distância, como algo totalitário, sagrado, surdo e autorreferencial, que consagra os textos e define sua circulação é pensar em um cânone que escute, que se ofereça ao diálogo, que se abra para a cultura que corre fora das instituições e que não se reduza a seus ditames. Um cânone que, ao partir de instituições que questionam a ideia de "modelo a seguir", ajuda a incomodar e a abrir os olhos para destronar as leituras cristalizadas. Um cânone permeável à cultura do passado e ao mesmo tempo às múltiplas culturas do mundo atual, sobretudo aquelas que têm que ver com as distintas maneiras contemporâneas, algumas extremamente raras e belas, outras terrivelmente cruéis, de vivenciar a infância.

Antes de verificarmos como se daria na prática esse posicionamento de autoria em torno de um cânone, gostaria de compartilhar com vocês um exemplo na ficção em que uma personagem da literatura infantil consegue habilmente criar pontes entre a tradição e o presente e, com isso, traz à tona seu cânone.[4] Vejo-o

---

4 Creio que nos estudos sobre a literatura infantil, bem como nas reflexões que podem ocorrer nas práticas de leitura com crianças, há uma zona não muito explorada que tem que ver com as culturas da infância e seus vínculos, tanto com a literatura como com as particulares formas de ler que as crianças têm hoje em dia. Refiro-me, por exemplo, aos modos pelos quais as crianças desfrutam o ócio »

como um exemplo da ideia de um cânone permeável aos leitores, em diálogo com eles.

Trata-se do livro *Histórias para Fernández*, da escritora argentina Ema Wolf:[5] um texto que, a meu ver, abre um rol de perguntas e de respostas sobre a arte de narrar para crianças, conduzi-la à escritura e, ao mesmo tempo, construir um leitor. Também vem a propósito para examinarmos como muitas vezes um narrador de textos infantis, na hora de inventar uma história para cativar seu destinatário, recorre a gêneros considerados canônicos no universo narrativo da literatura infantil como um caminho eficaz para garantir um bom contato com ele e evitar que o leitor ou o ouvinte não escape. Refiro-me a gêneros já consagrados, como o maravilhoso ou o de aventuras, que logo são transfigurados por meio da paródia.

Fernández é um gato que no início do relato sofrera uma queda das alturas. Na história jamais se diz explicitamente que se trata de um gato, mas o leitor pode inferir isso pelos indícios do texto e pela suges-

» (levando-se em conta as condições socioeconômicas que lhes permitam fazê-lo), às diversas formas de jogo infantil em que as crianças manifestam suas representações sobre o mundo dos adultos etc. [N.A.]

5 Wolf, Ema. *Historias a Fernández*. Ilustrações de Jorge Sanzol. Buenos Aires: Sudamericana, 1994.

tão da capa, na qual figura a silhueta fragmentada de um gato. Sua dona, ao saber que quem bate a cabeça não deve dormir, concebe o plano de contar-lhe três histórias para mantê-lo acordado, uma por hora. No caso, narrar e ter êxito na narração é questão de vida ou morte: a aptidão para o narrar e o uso eficaz de todos os truques possíveis, até os mais hilariantes, para manter a atenção de Fernández são os recursos que permitirão um desenlace bem-sucedido. A narradora é como uma Sherazade atual, só que em vez de narrar para salvar sua própria vida, narra para salvar a vida de seu gato. Para inventar suas histórias, apela à tradição clássica da literatura infantil, ao cânone dos gêneros clássicos, como uma possível tábua de salvação para que Fernández, que representaria o leitor infantil, não durma. Por que tábua de salvação? Ao se recorrer a referências culturais que são do domínio da grande maioria das crianças, como é o caso das narrativas clássicas, procura-se nesse caso assegurar que o pacto entre texto e leitor não corra perigo. Contudo, como costuma ocorrer em boa parte da literatura humorística para crianças que se produz hoje em dia, essa tradição não é venerada como um monumento intocável, mas mesclada despudoradamente, de maneira híbrida, com imagens, discursos e gêneros contemporâneos. Em uma história ambientada num palácio siberiano e protagonizada por uma arquiduquesa, por exemplo, o objeto desejado ou buscado não é um sapatinho de cristal ou um beijo salvador, mas pura e simplesmente uma batata. O encarregado de satisfazer o desejo é um fabricante de anões de jardim que, em face da escassez de batatas na região, decide fazer uma batata de gesso para se livrar de uma morte certa.

A narradora de *Histórias para Fernández* lança mão de seu repertório de gêneros clássicos para criar uma ponte com seu receptor, e mostra, na ficção, como um cânone atua na "biblioteca" que um mediador vai acumulando em sua cabeça. Esse cânone pessoal, esse conjunto de textos prontos para reinventar e encantar, colocado à disposição do leitor e atento a suas reações, também as desafia: não se limita a agradar o leitor entregando-lhe de bandeja apenas o conhecido.

O livro de Ema Wolf continua a me proporcionar descobertas a cada vez que o releio ou penso nele. Ele me convida a pensar sobre as formas de transpor para a ficção os problemas da comunicação entre um autor de livros para crianças e seu leitor, mas também me leva a reler textos clássicos a partir de sua paródia. Não consigo deixar de me perguntar se eu não estaria diante de um futuro clássico, por mais que a publicação do livro seja recente. Costumo fazer-me essa mesma pergunta diante de alguns — não muitos — livros contemporâneos, sobretudo livros do tipo álbum. Nesse sentido, compartilho de duas afirmações feitas por Italo Calvino em *Por que ler os clássicos*, que põem à prova a identificação dos clássicos somente com textos do passado. Calvino afirma que um clássico "é um livro que nunca terminou de dizer aquilo que tinha para dizer", e aquilo que para ele distingue o clássico "talvez seja só um efeito de ressonância que vale tanto para uma obra antiga quanto para uma moderna, mas já com um lugar próprio numa continuidade cultural".[6] Pode ser que tenhamos em nossos sentidos uma coleção de ressonâncias que de algum modo profetizam quais são os clássicos a que sempre voltaremos de um jeito ou de outro.

Além das questões sobre o tempo, o texto de Wolf me suscita a indagação sobre a localização dos clássicos nos cânones da literatura infantil. O que teria de acontecer para que um texto latino-americano

---

6 Calvino, Italo. *Por qué leer a los clásicos* [*Perché leggere i classici*, 1991]. Barcelona: Tusquets, 1999. [N.T.: Utilizamos aqui a tradução de Nilson Moulin em Calvino, Italo. *Por que ler os clássicos*. São Paulo: Companhia das Letras, 1993, pp. 11 e 14.]

se tornasse um clássico além das nossas fronteiras? Porventura isso é possível? Determinados fatores, nem sempre ligados ao mercado, ainda que este tenha um forte papel nos processos de canonização, podem estimular ou não essa possibilidade. Alguns já são conhecidos e comprovados, como os prêmios seguidos de certas formas de promoção e divulgação. Como sabemos, as políticas de tradução também desempenham um papel central na difusão de um texto. Há livros que são clássicos em alguns países mas não o são em outros, ou por falta de tradução, ou porque as editoras "descatalogam" vertiginosamente.

Há outros fatores que dizem respeito a certos circuitos culturais com expressivo apoio econômico que, de uns tempos para cá, têm um peso muito grande na canonização ou recanonização de autores e textos em sua maioria ligados à cultura anglo-saxã, como é o caso de escritores cujos livros foram transpostos para o cinema em grandes produções: Tolkien, Dahl, Rowling, Lewis.[7] Isso me leva a pensar no que ocorre com essas formas de instaurar um cânone de

---

7 Os escritores John Ronald Reuel Tolkien, da trilogia *O Senhor dos Anéis*; Roald Dahl, de *A fantástica fábrica de chocolate*; Joanne Kathleen Rowling, da série *Harry Potter*; e Clive Staples Lewis, de *As crônicas de Narnia*. [N.E.]

leituras e com a produção literária em nossos países. Por exemplo: esse processo de valorização das sagas junto a um público de massas alavancaria uma autora latino-americana que encontrou um tom original para esse gênero? Penso em Liliana Bodoc, escritora argentina que escreveu com grande densidade poética e narrativa *A saga dos confins*,[8] inspirada em cosmogonias e ritos nascidos neste canto do mundo. Na geografia do cânone continua havendo um lugar menos relevante para as produções culturais não originadas nos países centrais.

Há iniciativas que muito embora não possam — e nem é sua maior preocupação — competir com a força comercial desses processos, conseguem fazer que os leitores saiam do cerco cristalizado do conhecido e confortável e conheçam novos autores e gêneros ou se voltem, de modo renovado, aos clássicos. Nesse sentido, o trabalho de ONGs que atuam em territórios vulnerabilizados pelas crises socioeconômicas, Programas de Leitura que enfatizam mais o encontro entre os leitores e os textos do que as estatísticas

---

8 A saga é composta por três volumes: Bodoc, Liliana. *Los días del venado, Los días de la sombra e Los días del fuego* [Os dias do veado, Os dias da sombra, Os dias do fogo]. Buenos Aires: Norma, 2000, 2002 e 2004. [N.A.]

sobre leitura, propostas de formação e capacitação que dão espaço a novas leituras e pensam os professores como leitores, revistas virtuais e impressas que propõem desafios, todos esses e outros projetos muitas vezes abrem caminhos alternativos nos processos de canonização, tão complexos e variáveis.

Assim como a narradora do texto de Wolf mobiliza seu cânone pessoal para inventar histórias cativantes, todo mediador (quem escolhe um texto para editar, quem decide o que vai ler com seus alunos, quem faz uma lista de livros para renovar uma biblioteca, além de outras tantas mediações) está sempre permeado por questões do cânone.

Gostaria de propor um domicílio para o tema do cânone: o domicílio da prática. Porque os verdadeiros problemas do cânone, de um cânone, são postos em jogo em uma prática concreta.

Se pensarmos a escolha de textos literários que permeia de diversas maneiras a prática dos mediadores entre os livros e as crianças como um lugar de produção e debate de teorias sobre literatura infantil, sobre literatura e leitura, sobre a relação entre os livros que são propostos e a cultura da infância, entre outras múltiplas questões, talvez estejamos gerando a possibilidade de dar uma identidade própria a nossas escolhas. Ao refletirmos sobre o cânone em sua confluência com a leitura como uma prática cultural, também questionamos o caráter normativo e alheio do cânone, e isso permite que acreditemos na possibilidade de gerar ações e teorias situadas no território de nossas práticas. Veremos que o território de que falo tem fronteiras abertas, é hospitaleiro e permeável, não um território que olha para si mesmo e se encouraça.

Uma forma possível de pensá-lo (e nisso imagino estar próxima das práticas cotidianas de muitos de vocês) é por meio de uma cena de leitura que gosto de provocar e de armar: uma mesa de livros. Quer dizer, uma mesa coberta de livros que alguém escolheu para compartilhar com crianças. Uma seleção que, por sua vez, convida a escolher e a refletir sobre o ato de escolha.

Uma mesa de livros pode ser pensada como um microcosmo do cânone, um cânone com nossa marca, uma oportunidade para observar com lupa a materialização da escolha e dramatizar, expondo a cozinha provisória e arbitrária de toda seleção de textos. Uma mesa de livros, desse modo, pode ser uma boa ocasião para nos fazermos algumas indagações sobre os textos, sobre os leitores e sobre nós mesmos.

Uma mesa de livros para crianças, proposta pela mediadora que sou, para discutir com outros mediadores, professores e bibliotecários, por exemplo. A ideia é compartilhar os microrrelatos que se formam em nossas cabeças quando apanhamos um livro. São narrações equivalentes a "diários do instante", que em seu estilo detalhista arremedam o olhar microscópico que Cortázar imprime a suas instruções para atos aparentemente banais como subir uma escada ou chorar.[9] Nos relatos que lhes proponho escrever surgem numerosas decisões que subjazem a toda escolha. Quando pensamos no ato pessoal e ao mesmo tempo social de decidir, começamos a encontrar e compartilhar com outros — por trás de um gesto audaz, tímido, envergonhado, desejante, indiferente, precipitado, cuidadoso — uma série de posições tomadas, rituais, censuras, desafios, políticas em que estamos inevitavelmente implicados, histórias de vida e de leitura.

Uma mesa de livros situada em algum lugar do mundo, o nosso, o de vocês, pode ser um alvoroço de vozes, de linhas de pensamento sobre o que é a

---

[9] Refiro-me aos textos de *Histórias de cronópios e de famas* [1962] em que um gesto ínfimo é reconstruído até tornar-se imenso e ao mesmo tempo poético. [N.A.]

literatura infantil, um convite que põe em palavras as representações sobre o literário, sobre as crianças, sobre os leitores, uma proposta concreta de que os sujeitos que escolhem sejam produtores e questionadores de teorias e fatos surgidos da prática cotidiana.

Que alvoroço é esse? Que inseguranças provocam? De quantas maneiras é possível discutir os cânones? Vejamos essa cena mais de perto.

Não se trata apenas de uma grande variedade de livros que apresentam uma profusão de cores, espessuras, tamanhos, odores particulares ao livro antigo ou ao recém-saído da gráfica. Cada livro foi escolhido para disparar certezas como flechas e ao mesmo tempo desarmá-las, para em seguida, quem sabe, valer-se de outras, tão provisórias quanto as primeiras. Por isso, não há intenção de instaurar um modelo de cânone, e sim de socializar as teorias em torno de um encontro de práticas. É uma cena concebida para falar de livros e de leituras.

O novo aparece junto com o clássico ou o convida a que seja relido. O livro mais brilhante e multicolorido aparece perto do sépia ou do preto e branco. O odor de tinta fresca se mistura com o das folhas que amarelaram com o tempo. Os autores nacionais conversam com os estrangeiros, muitos deles em edições que logo ficam fora de catálogo, para tristeza e vazio cultural dos leitores que os perdem (o que faz que essa aparição sobre a mesa seja um pequeno ato de resistência). Entre os livros de autores nacionais, teimam em mostrar suas capas os que não são divulgados pelo mercado nem pela escola, por serem desconhecidos ou "estranhos e difíceis". Os autores conhecidos estão ali, mas dessa vez em seus textos menos divulgados. As estéticas das propostas gráficas escapam furiosamente ao estereótipo e tentam ajudar a configurar uma pinacoteca múltipla na retina dos leitores. Os volumes que propõem um encontro concertante e desconcertante entre texto e imagem, como os livros-álbuns, preparam-se para ser inevitavelmente devorados pelas curiosidades de professores e bibliotecários mediadores, muitos deles com pouco costume ou possibilidade de participar de iniciativas como essas, pelo menos no caso da Argentina.

Os gêneros que provocam mais incerteza (como a poesia vanguardista e o fantástico ou o humor absurdo) convivem saudavelmente com os gêneros mais frequentados. Também aparecem textos em que os gêneros se mesclam e as classificações ganham um sinal de interrogação. E textos que não foram pensados para destinatários infantis, mas cujas características convidam a indagar por que não compartilhá-los. As capas que sugerem a faixa etária dos leitores discutem com as que dispensam essa informação, tão tranquilizadora para algumas mediações. Um grande número de problemas daqueles que pensam sobre literatura infantil se acumula à espera de ser interpelado por uma escolha. Escolher já significa estar lendo.

Depois de rodear, experimentar, pegar e largar, voltar a pegar, ler e esquecer, reler, todos têm um livro ou mais nas mãos.

Uma professora diz que escolheu determinado livro porque já conhecia outros da mesma coleção que lhe agradaram. Não faz menção aos autores nem ao título. Refere-se apenas à coleção, como se fosse um refúgio. Trata-se de uma dessas coleções que nas estantes de uma biblioteca ou livraria são facilmente reconhecidas pela uniformidade de cores e tamanhos. Uma bibliotecária conta que as crianças, com frequência, tornam-se fanáticas por uma coleção e não param de solicitá-la até que se esgotem seus títulos. Nesse momento, porém, alguém chama a atenção dos demais levantando um livro diminuto e outro enorme em cada uma das mãos. Diz que pertencem a uma mesma coleção de livros-álbuns. Todos olham para a mesa e veem que há mais desses volumes que não só se diferenciam pelo tamanho, mas também são discordantes quanto a seus elementos estéticos: cada livro é concebido com algo único. Segue-se então um debate sobre a oposição entre homogeneidade e a diversidade na produção de livros para crianças.

A tendência à homogeneidade poderia ser explicada como um procedimento editorial que corresponde ao gosto dos leitores infantis pela repetição. Na predileção pelo colecionar, que é própria da idade, poderíamos encontrar algum tipo de indício ao considerarmos a questão pela perspectiva do leitor (que por outro lado é mutável e diversa). Do ponto de vista das políticas editoriais, porém, também poderíamos considerá-la, em alguns casos, como uma resistência à inovação, como uma forma de permanecer no conhecido, sem desafiar os leitores infantis e seus mediadores. Trata-se daqueles casos em que parece que uma coleção não tem fim e não importa manter a qualidade daquilo que contém, mas apenas seu sucesso comercial. Já as coleções que tratam cada livro conforme sua "personalidade" parecem acalentar outro tipo de pacto com os leitores, como se lhes chamassem a atenção para o caráter de objeto artístico que cada livro corporifica.

Alguém diz que os livros daquela coleção são muito bonitos, mas receia que sua estética inovadora e sua forma de narrar sejam complexas demais para os alunos recém-iniciados na leitura. A demanda daquilo que é considerado simples ou daquilo que é breve para servir como porta de entrada para a leitura é uma forte marca dessa tipo de visão. Um professor replica que seus alunos o deixaram surpreso com suas leituras inaugurais daqueles livros, nos quais descobriram mais sentidos do que aqueles que ele mesmo aventara. Esses múltiplos sentidos, qualificados pela intervenção interessante e interessada do professor, evidenciaram as maneiras pelas quais as crianças, muito embora careçam de linguagem especializada, são capazes de construir leituras e teorias complexas quando há livros que as convidam a fazê-lo.

Uma bibliotecária afirma que determinada palavra de um título lhe despertou uma recordação de infância, quando nem sonhava que um dia estaria escolhendo livros para que outros os lessem. Nem sempre as escolhas têm que ver com uma causa letrada, profissional ou escolar. Às vezes a pessoa escolhe um livro porque uma palavra, uma imagem ou um aroma ressoam como um bálsamo ou como uma tormenta na evocação de sua própria vida.

Na cena que estamos observando, há dois professores que já há algum tempo estão boquiabertos diante de um livro que compartilham; de quando em quando soa, em dueto, uma expressão de surpresa. Seus indicadores se chocam numa disputa para assinalar primeiro aquilo que os deixa sem fôlego no projeto gráfico de um livro-álbum que se caracteriza pelo curto-circuito entre texto e imagem.[10]

Eles competem para descobrir nas imagens uma enorme quantidade de elementos que subvertem a lógica racional de modo divertido e referências paródicas a clássicos da pintura e da escultura como Da Vinci ou Rodin. Admiram a precisão do texto conciso e caracterizado pelo distanciamento irônico em relação às imagens. Quando eles mostram o livro aos demais, o espanto se estende a todos.

Após a fascinação inicial, alguns pensam em seus alunos leitores e manifestam dúvidas, receios, indagações... Dizem que as crianças das populações marginalizadas com quem trabalham não poderiam desfrutar plenamente daquela proposta e de muitas das que estão sobre a mesa por não darem conta de grande parte dos referentes culturais;[11] que são livros para

---

10 Legge, David. ¿Qué pasa aquí abuelo? [Bamboozled, 1994]. Barcelona: Juventud, 1994. [N.A.]

11 Hoje em dia muitas crianças vêm a conhecer tanto textos como »

crianças com outras possibilidades culturais, o que lhes facultaria lidar mais facilmente com textos desafiantes (nessa noção de desafio incluem-se muitos fatores: a extensão, a complexidade léxica, a contextualização em uma cultura ou referências a um tempo distante, os gêneros menos difundidos, a densidade poética, o receio dos temas picantes etc.).

Muitos que acreditam nisso designam como "carência de conhecimentos prévios" a falta de um suposto arcabouço cultural e educacional de que padecem cada vez mais as crianças de nossos países. Conhecimentos prévios que só seriam patrimônio de uma pequena parcela de privilegiados e que só são concebidos como possíveis se associados à escolaridade e ao acesso a determinados bens culturais, quase nunca com a vida real, a vida que se pode levar ou pela qual se luta. Segundo essa teoria do déficit, tratar-se-ia de gerações perdidas cujos conhecimentos prévios são depreciados sob uma visão escalonada — tanto social

» pinturas clássicas por intermédio de paródias deles. Quando esses textos se sustentam em histórias ou propostas gráficas consistentes, podem se constituir em um trampolim para o contato com os textos que homenageiam em vez de serem pensados como obstáculos para o acesso a eles. Uma boa intervenção dos mediadores para qualificar essas pontes é fundamental nesses casos. [N.A.]

como intelectualmente — do acesso à cultura e ao conhecimento. Essa postura desalentadora e por vezes miserabilista diria que essa mesa que descrevo, esse cânone, é destinada a uma elite infantil ou a mediadores audaciosos. Vários professores e bibliotecários repudiam essa concepção. Afirmam, exaltados, que há tempos propõem esses textos nas escolas de segmentos populacionais marginalizados em que trabalham e que estão crescendo como professores e como leitores graças à riqueza das leituras de seus alunos. Leituras que eles não se cansam de potencializar criando pontes entre os livros, outros objetos culturais e a vida real e concreta das crianças. O prévio, então, deixa de ser uma condição que limita: é uma zona que se constrói em um jogo social de saberes que não estabelece hierarquias excludentes. Esses mediadores afirmam que estão exercendo seus direitos quando lutam e inventam caminhos para que esses livros e essas formas de ler façam parte das bibliotecas de suas escolas.

Penso, com eles, que se ao perigo da falta de acesso (seja por causa do custo, dos obstáculos à apropriação de hábitos culturais desfrutados somente por uma parte da população ou de dificuldades políticas para a obtenção de livros ou a promoção da leitura) se somasse por parte de certos mediadores uma visão descrente das potencialidades de leitura da grande maioria dos leitores, os cânones abertos agonizariam.

A mesa de livros povoou-se de relatos de experiências de leitura e de discussões. Algumas histórias referem-se a encontros pessoais com os textos, em que muito do que acontece não tem explicação ou prefere ficar no silêncio. Esse lugar indevassável do leitor também é uma forma de ter autoria em um cânone.

Para alguns, a oportunidade de escutar o outro e de dar voz a algumas das teorias que subjazem às decisões de incluir ou excluir determinados textos ou formas de ler provavelmente abriu um caminho para que questionassem ou ratificassem seus cânones, ou, então, contribuiu para redimensioná-los.

Para finalizar, gostaria de me voltar — como fiz no início com Enriqueta, a personagem infantil da tira em quadrinhos — para aquilo que ocorre com as crianças, as destinatárias das seleções que nós, adultos, configuramos. Elas começam a montar seu próprio cânone como podem ou como as deixamos fazer. Nas escolhas delas, mais do que a apreensão sobre se estão lendo a literatura "correta", escondem-se decisões e paixões por vezes insondáveis, que se remetem às formas históricas e concretas pelas quais as culturas da infância dialogam com os livros que são postos a sua disposição ou que são demandados por elas. Culturas que nós, mediadores, teríamos de escutar com muito mais cuidado e menos preconceito. Se tivermos em mente, uma vez mais, a ideia de um cânone que escute os leitores, reconheceremos que há muito que aprender com os modos pelos quais as crianças escolhem e com as noções sobre a cultura que estão presentes nesse gesto.

Um cânone, tanto nosso, como das crianças, vai se configurando à medida que vamos nos tornando leitores. E quando enveredamos por esse caminho, isso pode ocorrer para sempre desde a infância.

Um cânone é o modo pelo qual muitos encontram um modo de recortar a imensidão de livros e leituras e torná-la mais nossa. Instigar a repensar e a abrir a ideia de cânone talvez seja uma pequena forma de sacudir o infinito e senti-lo mais familiar, menos alheio... Para que esse infinito, por um momento, seja por sua vez compartilhado com quem iremos ler... Até que alguém ou algum livro volte a nos sacudir.

SOBRE A AUTORA

Cecilia Bajour nasceu e vive na Argentina. É formada em Letras pela Universidade de Buenos Aires e Máster em Livros e Literatura para Crianças e Jovens pela Universidade Autônoma de Barcelona e Banco do Livro da Venezuela, FGSR.

Atualmente é codiretora de Especialização em Literatura Infantil e Juvenil da Universidade Nacional de San Martín, instituição em que também coordena a Área de Literatura Infantil e Juvenil do Programa de Leitura, Escritura e Literatura Infantil e Juvenil (PLELIJ).

Atuou como coordenadora acadêmica no curso de pós-graduação em Literatura Infantil e Juvenil, organizado pela Escola de Capacitação (CePA) do Ministério de Educação do Governo da Cidade Autônoma de Buenos Aires, instituição na qual foi coordenadora de Capacitação sobre Bibliotecas Escolares.

Crítica literária de livros para crianças e jovens, com expressiva atuação na formação de professores e mediadores de leitura, Cecilia tem vários livros publicados e escreve assiduamente em publicações especializadas em literatura infantil, promoção de leitura, educação e bibliotecas em diferentes mídias em toda a América Latina. No Brasil, colabora com a *Revista Emilia*.

Participa ativamente, como palestrante, de jornadas, seminários e congressos nacionais e internacionais sobre livros, leitura e leitores.

Esta obra recebeu
o selo Altamente
Recomendável pela
FNLIJ – Fundação
Nacional do Livro
Infantil e Juvenil.